〈うさぎ穴〉からの発信

河合隼雄

創元社

# 河合隼雄と子どもの目

# まえがき――子どもの目、セラピストの目

本書は、河合隼雄が児童文学について書いてきたものをまとめたものである。一九九〇年に『〈うさぎ穴〉からの発信』（マガジンハウス）として出版されたが、残念ながらここ何年か品切れになっていた。それを『河合隼雄と子どもの目――〈うさぎ穴〉からの発信』として復刊したものである。

児童文学に対する河合隼雄の姿勢は一貫している。児童文学は子どものための読み物ではなくて、「子どもの目」を通して見た世界が表現されている文学である。だからこそ「それは子どもも大人も共に読む価値のあるものでなければならない」のである。著者はこのような姿勢で「児童文学を自分の生き方に深くかかわるものとして読んでいる」のであって、そのさまざまな読みを本書を通じて知ることができる。

本書のタイトルに入っている〈うさぎ穴〉は、もちろん『不思議の国のアリス』から取られたものである。アリスはチョッキのポケットから懐中時計を取り出して

見ているウサギを追いかけて、うさぎ穴に飛び込んでいく。するとそこは時間も空間もこの世の法則と異なった不思議な世界である。児童文学は、よくそのような不思議な世界を描いている。しかしそれは単なる異世界ではなくて、むしろ現実の多層性を見せてくれている。つまり常識の目、大人の目には表面しか見えていないのに対して、子どもの目は見えない深い現実を捉えて、見せてくれるのである。

著者は『ヒルベルという子がいた』を最初に取り上げている。ヒルベルは九歳の男の子で、親のいない子や親の手におえなくなった子を一時的に収容するホームにいる。ヒルベルは皆と遠足に行ったとき、逃げ出して行方不明になり、翌日羊飼いのおじいさんに抱かれてホームに帰ってくる。ヒルベルはアフリカに行って、ライオンと仲良しになって寝たという。常識的に見ると、ヒルベルは羊に出会っただけかもしれない。しかしヒルベルからするとそれはアフリカに行くような大冒険であり、その体験はライオンと親しくなって一緒に寝たとしか表現しようがないのである。それがヒルベルの体験した現実なのである。

ヒルベルとホームの若い女性のマイヤー先生の出会いに関する著者のコメントは非常に印象的である。就寝時間になって、ヒルベルは裸で洋服ダンスの中に隠れている。普通の子どもがパジャマによって身を守られているのに対して、ヒルベルにはそのような守りでは安心ではなくて、洋服ダンスに入る必要がある。しかし大人たちはパジャマを引っぱがしたりしない代わりに、たんすの方は遠慮なく開けて侵入してくる。著者の鋭いコメントはまだまだ続くが、そこには「セラピストの目」が感じられる。河合隼雄は児童文学に常にセラピストの目を向けているようなのである。だからこそ子どもの目を通して見えてきている深い世界を捉えられるのであろう。本書で取り上げているさまざまな児童文学に対する著者のコメントにはわくわくさせられる。

見えないはずのものが、子どもやセラピストの目を通して見えてくるのは何であろうか？　著者はこれを「たましい」と呼んでいる。そして見えないはずのものが形になってくるのがファンタジーであるとされている。本書に収録されているのは、一つを除いて一九八〇年代のものばかりで、ヒルマンの影響もあって、たましいとファンタジーというのがその頃の著者のキーワードになっていたように思われる。これについて詳しくは、『子どもの本を読む』（岩波現代文庫）の序文「児童文学とたましい」を参照されたい。

後には「物語」というのが重要なキーワードになっていき、日本の物語、特に中世の物語の世界が大切になっていく。しかし児童文学は河合隼雄にとって重要なジャンルであり続け、だからこそ河合隼雄物語賞の授賞対象にも、「人のこころを支えるような物語をつくり出した優れた文芸作品に与えられる。」に加えて、「河合隼雄が深く関わっていた児童文学もその対象とする。」という一文が加えられているのである。

そして河合隼雄自身の遺作になったのが、自らの子ども時代の体験を元にした児童文学『泣き虫ハァちゃん』（新潮文庫）である。それは著者が突然の病に倒れたために、一〇歳のときのエピソードで終わっている。本書では、「小学四年生」をはじめとして、繰り返し一〇歳の意味が強調されているのも特筆すべきことである。それは子どもが超越を体験したり、両親を離れ自分だけの世界を持ったりする時期で、その意味で一つの完成とも言える。

本書の復刊に際しては、出版後既に三〇年近く経っていて、用語などが古くなっているものに［　］で補足を入れるなどし、また書誌情報も新しくした。いつもながら丁寧に作業をしていただいた、河合隼雄生前からの編集者である渡辺明美さんに感謝したい。

こころの未来研究センター　センター長　河合俊雄

# 河合隼雄と子どもの目〈目次〉

# 河合隼雄と子どもの目　〈うさぎ穴〉からの発信

本書は、一九九〇年十一月に、マガジンハウス社から刊行された『〈うさぎ穴〉からの発信』を復刊したものです。

復刊にあたっては、用字用語や送り仮名など、読みやすさを優先して若干の変更を加えた箇所もありますが、ほぼ原文どおりです。なかに差別的な表現ともとれる文言も含まれていますが、当時の社会文化のなかでの表現であり、そのまま掲載することにしました。ご理解くださいますようお願いいたします。

編集部の補足は、［　］で入れました。

# I

# 読むこと・書くこと

## 児童文学を読む

児童文学を子どものための読み物と思っている人がある。その上、児童のための読み物だから、大人のための読物よりは低級であろう、などと決めてかかっている人もある。児童文学の作家で、自分は大人のための文学は難しくて書けないので、子どものほうにしておこうなどと考えている人は、まずいないことと思われる。筆者は、児童文学を子どものための読み物とは考えていない。端的に言えば、「子どもの目」を通して見た世界が表現されている文学であると思っている。この「子どもの目」ということは説明が必要だろうが、後に述べてゆくことによって自ら明らかとなってゆくだろう。ともかく、このように児童文学を考えると、それは子どもも大人も共に読む価値のあるものでなければならない。C・S・ルイスは、「私は、子どもにしか喜ばれない児童文学は、児童文学としてもよくないものだということを、ひとつの規範としてあげたいくらいです」(1)と明言している。筆者は、大人が子どものためにのみ書く物語は児童読み物とでも呼んで、児童文学と区別しておく方がよかろうと思っている。筆者はこのような姿勢で、児童文学を自分の生き方に深くかかわるものとして読んでいるのである。

最近に読んだ児童文学のなかから、感動的なもののひとつとして、ペーター・ヘルトリング作『ヒルベルという子がいた』（上田真而子訳、偕成社）を取りあげてみよう。

「ヒルベルって、ほんとうに悪い子だよ」

と、ホームの子どもたちはいった。でも、それはほんとうではなかった。ただ、ほかの子どもたちには、ヒルベルが理解できなかったのだ。

これがこの作品の書き出しである。ヒルベルは九歳の男の子で、浮浪児や、親の手におえなくなった子を一時的に収容する「ホーム」にいる。ヒルベルにはある病気があった。鉗子分娩の際に頭を傷つけられたのが原因で、ひどい頭痛に悩まされ、他の子どもたちからは、「かんしゃく」と認められる発作におそわれる。言葉もあまりうまく話せない。そんなわけで、ヒルベルの行為は理解されることが少なく、「悪い子」と思われがちなのである。しかし、作者のヘルトリングは、ヒルベルが悪い子でも、馬鹿な子でもないことを暖かく、しかも淡々とした筆致で描いてゆくのである。

このホームにはじめて勤めることになった若い女性のマイヤー先生とヒルベルの最初の出会い

は印象的である。子どもたちが就寝するとき、マイヤー先生はヒルベルがベッドにはいらずに洋服だんすの中にいるのを知る。彼女がたんすの戸を開けると、ヒルベルは裸で、パンツをボールのようにまるめて持っていた。ベッドに行くように優しく接するマイヤー先生に対して、ヒルベルはまるめたパンツに小便をひっかけると、それを彼女の顔をめがけて投げつけたのである。先生はたじたじとなりながらも、少年を叱った。しかし、その後、先生はヒルベルを好きになった。

普通の子どもたちが、パジャマというものによって身を守られているとき、ヒルベルはそのような守りでは安心できなかった。あるいは、それは彼にとってピッタリとくるものではなかったのだ。彼は洋服だんすという守りの中のほうが安心できた。しかし、彼はその中で真っ裸であった。パジャマという衣類よりは、洋服だんすのほうが強くて固い守りのように思われる。しかし、大人たちはパジャマを引っぱがしたりはしない代わりに、たんすのほうは遠慮なく開けて侵入してくるのだ。ヒルベルは簡単に「裸の」自分を露呈させられる。自分の世界に侵入しようとする相手に対して、ヒルベルは最も適切な対抗処置をとった。彼は自分の持つ唯一の武器によって、敵を撃退しようとした。つまり、パンツの弾丸を投げつけたのである。しかし、これはヒルベルのしたことの唯一の意味であろうか。小便も大便も、あるいは唾なども、子どもにとっては自分の一部であり、自分の分身である。ヒルベルの鋭い直観は、この新任の女の先生を見たとたん、自分の分身を投げかけるに値する人であることを見てとったのではなかろうか。かくて、小便でぐしょぬれになったパンツは、二重の意味をこめて先生に投げかけられたのである。これに対して、マイヤー先生は見事に反応した。彼女はどちらのメッセージにも応答したのだ。彼女はヒルベルを叱り、そして、ヒルベルを好きになった。

子どもたちから投げかけられる意味深い信号を、多くの大人たちは受けとめそこなうのだ。ヒルベルの勢いにたじろいで逃げ出す人もあるし、管理人のショッペンシュテッヒャーさんのようにヒルベルをなぐり倒す人もあろう。そして、彼らはヒルベルは「悪い子」だと断定する。もうひとつのタイプの人たちは、子どもを憎んではならない、受けいれねばならないとマジメに信じている。彼らはヒルベルの弾丸をくらったとき、心の中に生じる怒りを無理矢理に抑えようとする。この苦しい仕事のためにエネルギーが消費され、ヒルベルの意味深い信号をキャッチする余裕がなくなる。マジメな人は怒りを抑えて、ヒルベルに向かって優しく接しようとする。しかし、残念ながら、先生の心の深部に生じた怒りはヒルベルの心の深みに達し、両者は深く傷ついてしまう。先生はその後も、憎んではならない、受けいれねばならないと努力するだろうが、事態は悪くなるばかりであろう。硬直したマジメは、常識よりも始末が悪いのである。

マイヤー先生はヒルベルを好きになった。しかし、彼女の努力によってヒルベルが「よい子」になるようなことはない。ヒルベルが巻きおこす痛ましく、愉快な事件についての詳細は省略するが、次のエピソードについては是非とも触れておかねばならない。ヒルベルは皆と遠足に行ったとき、逃げ出して行方不明になった。翌日、ヒルベルは羊飼のおじいさんに抱かれてホームに帰ってきた。彼は羊の群の中にはいり、一晩一緒に眠りさえしたのだ。ところで、この経験は彼にとって忘れ難い楽しいことであった。いったい、ヒルベルはどんな経験をしたのか、彼自身の言葉によって述べてみよう。彼はグループから離れ、丘をどんどん走っていった。「そしたら、アフリカみたいなんだ。アフリカだったんだ。ライオンのいる、砂漠なんだ。そしたら、ライオンがやってきた。百万頭も。いっぱい。かたまりになって。犬も。スピッツも、一ぴきいた。そして、みんなで、ぼくを、くんくんかぎにくるんだ。ぼくたち、なかよしになったんだ。いいライオンばっかりだった。ぼく、ライオンといっしょに、ねたんだよ」。ヒルベルは「ライオン」となかよしになっていたのだ。

最近は世の中が便利になって、アフリカ旅行をする人も多くなった。しかし、そのなかの何人の人がヒルベルの「アフリカ体験」に匹敵する経験をすることができたであろうか。彼らは自動車の中からガラス越しに、放し飼いにされたライオンを見るだけだ。もっともそれにあき足らず車外に出て写真を撮ろうとし、ライオンに喰い殺された人もあったが、その人は残念ながら凄まじい「アフリカ体験」についてヒルベルのように語ることはできないのだ。人びとはヒルベルに対して、あれは羊だ、ライオンではない、と言う。しかし、その人はライオンとは何か、羊とは何か、知っているのだろうか。ライオンや羊の群の中に身を投じ、共に走ったり、共に眠ったりしたことがあるのだろうか。何かの名前を知ることと、何かを知ることとは同一ではない。

ヒルベルに対して優しい人は、マイヤー先生以外にもあった。医者のクレーマー先生も優しかった。先生は施設にいた子を三人も引きとって、自分の子として育てているような人である。

ヒルベルは先生の子になりたかった。いろいろ考えた末、重病人になると引きとってもらえると思い、仮病をつかう。クレーマー先生は仮病を見破るが、ヒルベルがなぜめんな「病気」になったのか解らなかった。それからだいぶたった日のことである。


ヒルベルはカロルス先生（クレーマー先生のこと）に注射をしてもらったあと、たずねた。

「先生のところ、今、なん人、子どもいる？」

カロルス先生が答えた。

「三人だ。ずっと三人だよ。それいじょうは、うちにはむりだからな。」

それを聞くと、ヒルベルはすっとでていった。カロルス先生ははっとした。そして、ヒルベルの病気がなんだったのか、わかった。カロルス先生はヒルベルをとてもかわいがっていたが、家につれて帰ることはできなかった。


これは人間であることの悲しみを深く感じさせる文である。人間は相手をどんなにかわいがっていても、家につれて帰れるとは限らないのだ。ヒルベルは怒ってもよかったのだ。「三人も四人も同じじゃないか」とも、「そんな三人より、ぼくのほうがもっと可哀想じゃないか」とも、わめくこともできたのだ。しかし、ヒルベルは何も言わなかった。ただ、「すっとでていった」のである。

心理療法をしている筆者は、同様の体験をする。患者さんが「先生は、今何人くらい患者さんとお会いですか」と問われるとき、私は短剣を胸に突きつけられたように感じて、立ちすくむ。それは、まったく何気ない問いであるときもある。しかし、相手が何気なく尋ねたからといって、こちらも何気なく答えていいというものではない。この問いに正直に答えるとき、相手が悲しむことは明白である。といって、うそをつくことはますます悪い。ではいったいどう答えればいいのか。患者さんのなかには、もっと直接的に、「先生にとって私は one of them（多数のなかの一人）にすぎないのですね」と言う人さえある。

## 現実の多層性

ヒルベルにとってクレーマー先生は、「父親」になってほしい唯一絶対の人であった。彼はそのために仮病になるような努力まで払ったのだ。しかし、クレーマー先生にとって、ヒルベルは三人の子どもに加える一人としての one of them どころか、そのなかに加えることもなく見棄てたのである。ヒルベルは見棄てられた子であり、クレーマー先生は見棄てた人である。悲しいことではあるが、これはひとつの現実である。

ところで、ヒルベルに黙って立ち去られた後のクレーマー先生の心境はどうであったろうか。クレーマーは、可哀想な子どもに役立とうとしてこのような職業を選んできた自分を自嘲したかも知れない。一人の子どもを救えないどころか、むしろ絶望に追いやったことに深い自責の念を感じたことであろう。あるいは「許してください」と心の中であやまったかも知れない。これに対してヒルベルは「許してあげますよ。カロルスさんあなたはよくやっています。人間はいくら頑張っても限界というものがあるのです」と言えたかも知れない。しかし、ヒルベルは黙って立ち去った。ヒルベルはクレーマーを見棄てたのである。

現実は多層性をもっている。われわれはそれをどの層において把握するかによって、その様相はきわめて異なるものになってくる。クレーマーがヒルベルを見棄てたのもひとつの現実であるなら、ヒルベルがクレーマーを見棄てたのもひとつの現実である。あるいは、このことを、クレーマーとヒルベルの関係の層で捉えたので上述のような表現になったが、クレーマーもヒルベルも、両者を見下ろす偉大な存在の視点から見れば、彼らは共に、他人を愛そうと努めることによって、自らの限界を知らされる悲しい存在として、共に one of them であり、また同時に共にかけがえのない唯一の存在なのである。この層において、クレーマーとヒルベルは、まったく同等になる。しかし、異なった層においては、彼らは医者と患者、健常者と障害者として同等でありえないのである。

現実の多層性について、ヒルベルの「アフリカ体験」は示唆するところが大である。われわれは現実を把握する上において、それぞれの現実に名前をつけ、それらについて調べ、関連を明らかにする。たとえば、羊とかライオンとかの名前を与え、それが動物であるとか家畜であるとかないとか分類をする。人間のこのような知識体系は文化遺産として継承されてきており、人間は生まれたときから、それを身につけるように「教育」される。子どもたちは最初に羊を見て驚き、後で羊という名前を教えられることもあるし、ライオンという名前と、それに関する知識を与えられ、だいぶたってからライオンという現実に触れることもある。何事によらず、ともかく名前を知ることは偉大なことであるし、何かについての知識を得、名前を知ることによって、われわれは安心する。しかし、ここにひとつの落とし穴があるようだ。われわれは羊という名を知り、羊を見ることにより、羊のことを「知っている」と思う。ところが、それは実のところ、羊という存在のほんのごく一部分なのである。すでに述べたように、ヒルベルが「知った」ような羊の現実を、われわれは知ってはいないのだ。

現実はきわめて多層であるのに、ともすると、われわれはそれをきわめて単層的な構造に押しこめてしまって、それが現実そのものであると錯覚して暮らしている。大人たちは自分たちの「常識」をなんら疑うことなく、単層性の現実を唯一のものと信じている。しかし、子どもたちはもっと柔軟な心をもっている。彼らは一方では大人たちの「教育」に従おうと努力しつつ、一方ではそれをはねのけて、大人たちの知らない現実を露呈せしめるのである。ヒルベルがマイヤー先生との最初の出会いにおいて、真っ裸であったことはきわめて象徴的である。ヒルベルは現実の表層を覆っている常識という衣服を取り去って、異次元の現実を大人たちに露呈する役割をもっているのである。このことは、筆者が最初に「子どもの目」の重要性を強調したことにつながってくる。子どもの目は大人の目のように常識によって曇らされていないので、現実の多層性を見抜く力をもっているのだ。そこに児童文学の存在意義がある。

ヒルベルは、大人たちが知っていると思っている「羊」について、大人たちの知識をはるかに超えた羊の現実に触れたのである。残念ながら、彼は自分の経験した現実を他人に通用するような言語で表現できなかった。彼の使用しうる言葉のなかで、彼の体験に最も近いものが、「ライオン」であった。彼は自分の体験を述べるために「ライオン、ライオン」と言った。嬉しいことに羊飼のじいさんはヒルベルの表現をそれなりに理解してくれた。だから、彼はヒルベルを叱らず抱いてホームまで連れてきてくれたのである。しかし、他の人たちはヒルベルを理解できなかった。羊をライオンと間違うような馬鹿なのだ、と皆は決めつけたのである。

現実を把握する上で、「子どもの目」がどれほど素晴らしいか、ということを示すのは、児童文学のお得意のことなので、どの作品を取りあげるのか迷ってしまうのだが、ここにカニグズバーグ作『ジョコンダ夫人の肖像』（松永ふみ子訳、岩波書店）を取りあげてみよう。カニグズバーグは児童文学の傑作をつぎつぎと生み出してゆく人で、それらについては後に論じるが、筆者の好みを敢えて言わせていただくと、筆者はそれらのなかで『ジョコンダ夫人の肖像』が一番好きである。これは、天才、レオナルド・ダ・ヴィンチに関する二つの疑問をうまく重ね合わせることによって、ひとつの現実が浮かび上がってくるように意図された作品である。二つの疑問とは、ダ・ヴィンチがイタリアやフランスの王侯貴族から肖像画を描くことをせがみ続けられているときに、なぜよりにもよって、フィレンツェの名もない商人の二度目の妻の肖像（これがモナ・リザである）を描いたのか、というのがひとつ。もうひとつの疑問は、サライといううそつきで、どろぼうまでする少年を、なぜ長い間自分の傍におき、悪事を我慢し、遺言に彼のことを書き残すほどまでに大切にしたのか、ということである。これに対する、カニグズバーグの解答は、この少年サライこそ、ダ・ヴィンチが不朽の名作「モナ・リザ」を描き残す道を、ダ・ヴィンチのために用意した人間なのだということである。

サライは浮浪児である。財布をすり取ろうとしたところを、ダ・ヴィンチに見つけられて捕まえられる。しかし、ダ・ヴィンチは彼を罰する代わりに、自分の徒弟としたのである。ダ・ヴィンチの天才は、この浮浪児が自分にとって大切な存在であることを直覚したのであろう。徒弟となった後も、サライのうそつき、いたずら、それに盗みさえなくならなかった。ダ・ヴィンチはそれらをかばってやるのみか、自分も適当に楽しみさえした。ダ・ヴィンチが学者たちと議論した後で、自分はあの学者たちほど本を読んでいない、本を読むことは大切だとサライに言ったのに対して、サライは答える。

「ぼくはあの人たちみたいにはなりたくないね。ふん、あいつら、三か国語で本読んで、四か国語で意見をいってら。」サライは彼の主人の口もとにかすかな笑いが浮かびはじめたのに気がついた。「なんだい、あいつら。」彼は続けた。「出かけて行って馬を見るよりは、馬のことを本で読んでるほうが好きなんだ。」レオナルドの顔に笑いが広がった。「あいつら、馬に小便ひっかけられたって、どうして濡れたのか、本で見なくちゃわからないのさ。なんだい、あいつら——」

レオナルドは頭をふり上げて笑った。あのふしぎな、静かな、胸に押し殺したような、彼の考えと同じように秘密めいた笑い方で笑い出した。その笑いこそ、サライが引き出したかったものだった。


サライは愛する主人を笑わせてあげて満足した。彼はともすると深い想いの中に沈みこみがちな主人を、明るく笑わせてあげようと思って努力している。しかし、彼のしていることはもっともっと大きい意味をもっているのだ。天才、レオナルドにしても当時の教養ある人、権力をもった人が現実であると信じているのとは、はるかに異なる現実を把握しえても、時には不安に陥るのだった。そんなときに、サライはしっかりと支えてくれ、レオナルドのほうが絶対に正しいことを知らしめてくれるのである。サライは主人を支えるだけではなく、新しい道へと導くことさえしたのだ。つまり、彼は「モナ・リザ」の世界へと主人を導いたのである。もともと浮浪児で、うそつきでどろぼうでもある少年の目は、天才の目を開眼させるために役立ったのである。

ミラノのロドヴィコ公の愛人、チェチリア・ガレラーニは絶世の美人であった。ロドヴィコ公はその上、フェララ公の娘である才能に恵まれ美しくもあるイザベラ・デステを妻にしようとした。しかし、残念ながらロドヴィコ公はイザベラを手に入れることはできず、政略的な配慮からイザベラの妹ベアトリチェと結婚することになった。ベアトリチェは姉のように美しくはなかった。サライでさえ、はじめて彼女を見たときは、「小さくて色が黒くて、まったくみっともないや」と思ったほどであった。しかし、彼は当時の人びとのコンセンサスとしての「美」の認識を超えて、ベアトリチェの中に、あらたな「美」を見出し、それを主人のレオナルドに紹介するのである。ベアトリチェは美貌の持ち主ではなかった。しかし、言うならば彼女の存在全体が美であった。レオナルド、ベアトリチェ、サライ、この三人の間に生じる楽しく美しい関係は、『ジョコンダ夫人の肖像』の中に見事に描き出されていて、児童文学の傑作であると思わされる。松永ふみ子の訳文もそれに呼応する味わいをもって、われわれに原文の素晴らしさを伝えてくれるのだ。

サライはベアトリチェの中に見出した美の延長上に――すでにベアトリチェは死亡していたが――マドンナ・リザ・ジョコンダの美を見極め、レオナルドに不朽の名作を描かせることになるが、これらのことは原作を読んでいただくことにして省略しよう。ただ、最後に、サライがレオナルドに対してもつ意味を、ベアトリチェがいみじくも言い表している言葉を紹介しておくことにしよう。彼女はサライに対して、「おまえのレオナルド先生は、おまえの持っている何かを必要としているのよ。おまえの粗野なところと、無責任さが、必要なの」と言う。彼女はレオナルドには「荒々しい要素」が必要だと言うのだ。

「すべて偉大な芸術にはそれ（荒々しい要素）が必要よ。跳躍するもの、はばたくものがね。芸術家によっては、作品の制作そのものの中に、そういう荒々しい要素をとり入れることができるのだけれど、レオナルドにはできないわ。自意識がありすぎるもの。彼は重要なお客から、重要な主題で、重要な仕事を授けられたりすると、せっかくの素質が金縛りになっちゃうの。自分を出すことより、作品を完璧にしようと必死になっちゃうの。(中略) サライ、レオナルド先生がいつも何か荒々しいもの、何か責任に縛られないものを持ち続けられるよう、おまえに気をつけていてもらいたいの。」

ベアトリチェの語った、サライがレオナルドに対してもつ意味は、児童文学が現在の成人たち——自意識が過剰で、重要な仕事をもち、完璧にものごとを仕上げようとする人たち——に対してもつ意味と相通じるものがあると感じられる。

## 書くこと

児童文学を読むときに、筆者がどのような関心をもって読むのか、したがって、児童文学の狙いはどのあたりにあると筆者が考えるのかという点について、現実の多層性に焦点をあてて論じてきた。次に、児童文学を書く問題であるが、筆者は児童文学の書き手ではないので、ここからは推察に頼っての論になるが、お許し願いたい。

われわれは書くことによって、自分の意志なり感情なりを他人に伝える。その内容が相手と自分の間にコンセンサスの成立している現実内のことであれば、そこにはあまり困難は生じないであろう。しかし、今まで考えてきたような児童文学においては、読者に対して、ひとつの新しい現実をつきつけるようなものになるのだから、それを書くことがいかに困難であるかが了解されるであろう。ヒルベルは、自分の「羊」体験を表現するために「ライオン、ライオン」と言い、それはなかなか他人に通じなかったのである。作者がいかに素晴らしい現実を知ったとしても、それを他人に対して説得的に伝えるのは至難のことなのである。

ミヒャエル・エンデ作『モモ』（大島かおり訳、岩波書店）についてはすでに詳しく論じたので[2]繰り返さないが、ひとつだけ言っておきたいことは、主人公モモが行方不明になり、心配して警察に届け出に行った道路掃除夫ベッポは、気ちがい扱いされてしまう、という事実である。たしかにモモやベッポの経験した現実は、日常的な現実とはまったくかけ離れたことであった。それだけにベッポも、もっと慎重であるべきだったのだが、モモのことを心配するあまり、警察に届け出たのだ。はじめの警官は、ベッポを酔っぱらい扱いしたりして、じゃまくさがり相手にしなかったが、次の警官はもっと始末が悪かった。「この人は同僚にくらべて、ユーモアのセンスに欠けるところがありました」というわけで、彼は「このじいさんは気ちがいだな。公安を害するおそれがないかどうか、たしかめる必要がある。留置場に入れておけ！」とどなり、結局、ベッポは留置場を経て、精神［科］病院におくられることになるのだ。とかく、ユーモアのセンスに欠けた人は恐ろしい。

ヒルベルは悪い子とか馬鹿とか呼ばれた。サライはうそつき、どろぼうだった。ベッポは精神病者扱いをされた。こんな点から考えると、児童文学を書く者は、体制からのはみ出し者扱いをされる可能性が高いとも思われる。と言っても、児童文学者ははみ出し者であるとか、反体制でないと児童文学が書けないなどと言う気は毛頭ない。むしろ、今まで述べてきたような観点に加えて、児童文学の読者には当然、子どもたちもいることを考えると、子どもたちが現在われわれが生きている社会に属し、知的遺産としての文化を――盲目的にではないにしろ――継承してくれるようにとの願いもこめて、児童文学は書かれねばならないのである。ここにも、児童文学を書くことの難しさが存在している。それは両立し難いものを両立せしめるための努力を必要とする。

既製の体制の周辺部から中心部へ向かってなされるコミュニケーションは、時に、その切迫性と、こめられた情動の強さのために、「叫び」という形態をとることがある。それは救いを求める叫びのときもあれば、強烈な抗議としての叫びであるときもある。

一歳二カ月のころ、脳性小児まひと診断され、それ以後は六歳まで機能訓練に通い、養護学校の高等部を卒業した吉村敬子は、自分の体験に根ざした文を書き、「絵本のテキスト」としてどうかと、児童文学者の今江祥智に見せた。それは「わたしいややねん」と題されて、吉村敬子の車椅子による生活体験から生み出されたものであった。そのときのことを、今江は「おずおずとさしだされた『わたしいややねん』を読んで、わたしは背筋《せすじ》がきゅんとなった。叫びやなあ、テキストちゅうもんやあらヘンなあ……、としかいえずにいた」と述べている(3)。これに対する吉村の答えが素晴らしい。「わかってます。ちゃんと『作品』を書いてきます……と吉村さんはいい、次にもってきてくれた」のは、『ゆめのおはなしきいてェなあ』という作品であった。そして、『わたしいややねん』も『ゆめのおはなしきいてェなあ』も、共に出版された（共に偕成社刊）ので、われわれはそれを素材として、「叫び」と「作品」について考えてみることができるのである。

『わたしいややねん』はたしかに「叫び」である。車椅子で出かける「わたし」をじろじろと見る人に、「わたし　宇宙人と　ちがうでェ」「怪獣でもないで」とプロテストする。これを読んで、われわれは今江の言うとおり「背筋がきゅんと」なるのだ。素晴らしい文学はわれわれの身体にまで作用を及ぼすのだ。それに絵も素晴らしい。絵は吉村敬子の友人で、その車椅子を押し続けてきた松下香住によるものだが、著者の身近にあって、よく気持ちを知るものにこそ描ける表現になっている。「わたしが強《つよ》なったら　こわいやろなあ」という文のところでは、見開きのページ一杯に、正面を向いた車椅子が仁王立ちした大男のように描かれていて、こちらは身のちぢむ思いがする。この優しい女性も、車椅子を押していて、時々、誰かをそれによって蹂躙《じゅうりん》したくなったのではなかろうか。文章と共に絵も叫んでいるのだ。

『わたしいややねん』を読んで、今江祥智が「叫びやなあ、テキストちゅうもんやあらへんなあ……」と言ったことは、他人の作品を多く世に出した編集者としての彼の資質を見事に示している。この言葉には二重の意味がこめられているように思われる。まず、これは絵本のテキストなどというものではなく、一人の人間が生きてゆくことに伴う悲しみと怒り、それに願いをこめた精一杯の叫びとして、直接に、真剣に受けとめねばならないということと、それとはむしろ逆と言ってよいのだが、これはあまりにも生々しい叫びなので、「出版」して人びとに供するためには、作品という形に昇華しなくては、というのと二つの面があると考えられる。今江は一瞬のうちに、このように矛盾するような体験をし、短い言葉の中に表現した。嬉しいことに、吉村は今江という人格に触れて、叫びを作品へと直ちに変容させてきたのである。叫びは誰かの胸にとどいたことが確かめられたとき、作品に変わる転機をもつ。誰の胸にもとどかないとき、叫びは叫び続けられるより仕方がないのだ。ここで、吉村が作品として示した『ゆめのおはなしきいてェなあ』に少し触れることにしよう。

この作品の冒頭に、「ものすご　けったいなゆめ」を見たことが告げられ、夢の中で「ぜんぜん知らん男の子とはなししてんねん」「ふつう男の子はわたしらとは　はなししてくれへんのに、なんでか知らんけど　いろんなこときいてきやってん」と語られる。これを読んで筆者は深く感動した。今まで、不特定多数の人びとに向かって、あるいは虚空に向かって叫んでいた吉村敬子は、対話の相手を得たのだ。そして、そこに相手として出現してきたのは、あの男の子である。ここに、あの男の子とわざわざ言うのは、筆者にとって、この子は相当になじみ深い子だからである。筆者は自分の職業とする夢分析の仕事の中で、何度この子に出会ったことだろう。あの子は本当に素晴らしい子だ。あの子は絶望の底に沈んでいる人に、そっと希望の手を差しのべるために現れたり、鼻高々の偉い人の鼻を折るために思いがけないいたずらを演出したりする。夢の中の少年について書くのなら、一冊の本だって書けるだろう。いや、実のところ、その少年は夢の世界を抜け出して、いろんな名前をつけられ、児童文学の世界で活躍しているのだ。

「あの子」の出現によって、叫びは作品へと変わった。つまり、作者と読者はお互いの胸から胸へと対話をかわせるようになったのである。ところで、この二作を比較して人びとはどう感じるだろうか。おそらく一般には『わたしいややねん』のほうが、その強烈な衝撃性のために、より注目されるのではなかろうか。たしかに、叫びは作品よりも強いときがある。しかし、持続的なポジティブな効果をもたらすのは、むしろ作品のほうなのである。人びとは最初にあげられた叫びにショックを感じ、注目する。しかし、人びとはそのうちにそれを忘れるし、二回目以後の叫びには注意を払わないだろう。人は――残念ながら――あきやすいのである。だから、叫びがどれほど強力であることを知っても、それを作品にする努力を払わねばならないのだ。考えてみると、すべての素晴らしい作品は、その底に何らかの叫びを内在せしめている、と言えるかも知れない。ただ、その叫びは生《なま》のままで読者に投げかけられるのではなく、作者の人格を通して濾過され、作品となって、人びとに語りかけられるのである。やはり、書くということは大変なことなのだ。『わたしいややねん』の場合、その最後の一行「そやけど　なんで　わたしが強ならなあかんねんやろ――か」が、これをぐっと作品の域に高めていると筆者には思われた。

作品が「叫び」を内在していると言えば、灰谷健次郎『兎の眼』（理論社）も、多くの叫びを内在している作品である。実に多くの人に読まれた有名な作品で、今さらその内容について紹介する必要はないであろう。小谷芙美という若い新任の女性教師が、主人公と言えば主人公である。小谷先生が苦労を重ねながらも、子どもたちの心の奥深いところと接してゆけるようになる過程が生き生きと描かれている。小谷先生のそのような成長の手引きとなるのが、先生の級［クラス］にいる鉄三という「問題児」である。筆者はかつて、「問題児」というのは、先生や親に問題を与えてくれる子どもであり、大人は子どもに問題を与えて、子どもが解かないと怒るくせに、自分たちは子どもの提出した問題を解こうともしない、と述べたことがある。(4) 鉄三はまさにそのような意味での「問題児」なのだが、小谷先生は同僚の足立先生という愉快な教師に支えられたりしながら、鉄三の提出する「問題」を必死に解いていって、教師としての成長を遂げてゆくのである。実際、子どもたちは教師を鍛えてくれる「師」なのである。

鉄三によって小谷先生もだいぶ鍛えられたころ、またもや新しい「師」が先生の前に現れる。十月になって小谷学級に転入してきた、伊藤みな子は実に変わった子だった。みな子は三分間も自分の席に座っておられない「手のかかる子」だ。おかげで授業は無茶苦茶になりそうになるが、鉄三に鍛えられただけあって、小谷先生はなかなか頑張って、この「師」に仕え抜こうとする。こんなときには必ず起こってくることだが、小谷学級の子どもの親が先生に文句を言いに来たりして、小谷先生も苦労するが、何とか頑張り抜いていく。このあたりのことは、著者が長い教員生活をした経験を生かしてのことだろう。なかなか生き生きと描かれている。そして、全体を通じて非常に気持ちのいいことは、小谷先生や足立先生を絶対的な善玉にすることなく、対抗上、悪玉的要素として登場している教頭先生や教育委員会の人たちをも、余裕をもった態度で記述していることである。著者の余裕のある姿勢によって、ユーモアが流れ出している。最初に指摘したように、この作品には、体制から除外されがちになる人びとの強い叫びが多くこめられている。しかし、それらは鋭くはあっても瞬時に消え去る叫びとしてではなく、読む人の心に永続的に留まってゆく作品へと、著者の力によって変容しているのである。

現在は教育の問題が難しい時代である。現場にあって苦労している教師たちが、『兎の眼』によって励まされたり、新しい指針を見出したりした例を筆者もよく知っている。そのような読者としての教師たちの感想のなかで、気になるものがあった。ひとつは、障害児学級の担任をしている教師で、「小谷先生は伊藤みな子をしばらくの間担任しただけだが、私はあんな子を二年も三年も見ている」「それに問題児というものは『兎の眼』に書いてあるほど、そんなにうまくよくなるものではない」と言うのである。「話が甘すぎる」と言いたいのである。あるいは、こんな話も聞いた。小谷先生はよく頑張っているが、そのために家庭生活のほうはうまくゆかず、おそらく離婚になりそうだ。女性教師として子どものために本当に取り組むことは、家庭生活と両立しないのではないだろうか。児童文学を「読む人」たちが、このように疑問をもったり、わが身のこととして考えこんだりするのを、筆者は歓迎したいと思う。しかし、考えはじめたからには、深く考えすすんでほしいと思う。早急に『兎の眼』がいいとか悪いとか結論を出してしまわずに。

自分は障害児に長い間会い続けているのだ、と言った人に、筆者は「それでは自分の体験を書いてごらんなさい。素晴らしいものは、たくさんの人が読んでくれますよ」と言ったことがある。実際に書いてみると「書くこと」がどれほど難しく、苦しいことであるかわかるであろう。自分が「体験」したと思っていること、自分が「知っている」と思っていることが、どれほど不明確であるかが思い知らされるであろう。何かを「書く」場合、今まで述べてきた現実の多層性ということに関連して言うならば、どのような層の現実を自分は把握し、それを他人に伝えようとするのか、ということが問題となる。皆がよく知っている「現実」をそのまま書いてみても、誰も注目してくれないであろう。『兎の眼』に書かれている現実は、今まで多くの人から忘れられ、見棄てられしてきた人——特に子どもたち——の叫び、その叫びを聞きとった少数の大人たちの、それに応えようとする努力、どんなに不幸な子どもにも希望は与えられるのだ、それは成就するに違いない、という願い、それらの現実がすべてこめられて、ひとつの作品となっているのである。そして、これらの叫びや願いは、そのようなことに気づかずにいたわれわれの胸にひびき、われわれの心は新しい活性化を体験する。

文学作品に、何かの問題に関するハウ・ツー式の答えを要求するのは間違いであろ。たとえば、障害児、問題児をどう取り扱うかということについて、ハウ・ツー式の答えが出る側面と、出ない側面がある。前者について知りたければ、そのような専門書がたくさんあるからそれを読めばよい。文学作品は後者の面について、著者が自分の人格を賭けてぶつかっていった結果として書かれたものであり、読者も、自らの人格を賭けてそれにかかわり、自分は自分なりの答えを引き出す努力をしなくてはならない。何も小谷先生が家庭のことがうまくゆかないからといって、それを手本と考える必要はまったくないのである。

われわれの心の中にある「願い」「希望」も、ひとつの現実であると先に述べた。特に、子どもたちの幸福を願う気持ちは、無視できない重みをもった現実である。このことを忘れて、「現実」をきわめて皮相に解釈し、暗いことを書けば現実的で、明るいことを書けば非現実的で甘いと思うのは馬鹿げている。子どもに「現実」を知らしめるというスローガンによって、今まで児童文学において書かれなかった、現実の暗い半面を思い切って書いてゆこうとする人がある。たしかに、児童文学の名作『ふたりのロッテ』を書いたケストナーは、あの当時、児童文学の中で「離婚」を取り扱うことについて、作品の中で弁明を書かねばならなかった。しかし、『ふたりのロッテ』は、ケストナーがはじめて離婚のことを書いたから、児童文学の名作なのではない。ケストナーが書きたい新しい現実を記述するためには、どうしても離婚のことを書かねばならなかっただけのことである。大人なら誰でも知っているが、子どものことを配慮して書かなかった現実を、そのまま書いてみても、あまり大きい意味はないように思われる。新しい現実の深みを表現するために、どうしても取り扱う現実の幅を広げねばならないときにのみ、それは意味のあることと思われる。『兎の眼』の中で、小谷先生は夫との関係がうまくゆかず、離婚のきざしさえ見える様子であった。読者たちの「幸福の願い」に応えて、小谷先生を子どもだけでなく、夫にもよくつくす人として描き出し、家庭の幸福もつかむ女性として、どうして書けなかったのだろう。そのようにしたほうが、若い女性教師の読者たちに、もっと希望と励みを与えられたのではないだろうか。それは、紙に書けば書けることであり、現実に生きることとは異なるので、簡単にできそうに思われるかも知れない。しかし、実のところそれはきわめて難しいことなのだ。作中の人物はそれほど簡単に、作者の意図どおりに動くものではない。ここに、創作することの不思議さがある。

作者がハッピーエンドをねらって、何もかもハッピーにしようとすれば、それはそれで不可能ではない。しかし、そのときは、その作品にかかわる著者の態度がきわめて底の浅いものとなり、読者のほうにしても読み甲斐のないものとなってしまう。作者が自分の存在を深くかかわらせるほど、作中の人物はそれぞれ個性のようなものをもってきて、作者の意図には簡単に従わないのである。そして、不思議なことに、作者の意図と作中の人物の合作のような形で作品ができあがり、そのときは作者の意識や意図を超えたものとなり、人びとの心を深く揺り動かすのである。

このことは、たとえば、障害児を扱う先生と児童との関係とほとんど同じだと言ってよいほどなのである。自閉症児が水道の水をじっと眺めているとき、食事の時間だからと言っても、その子は簡単には動かないだろう。そこで、われわれは無理にその子を抱きかかえてゆけば、食堂に連れてゆくことはできる。子どもを食事の時間に食堂に連れていったことで満足する人は、それでいいだろう。しかし、それは実に底の浅い行為だ。それでは、子どもが水を眺めているのを、われわれはじっと見ていればいいのか。それでは食堂も困るかも知れぬ。子どものするとおりにさせていても、それでいいとは限らない。いったいわれわれはどう行為すればいいのか、実に難しいことだ。このような難しさと、作中の人物を動かすのとは、ほとんど同じ困難さをもっているのだ。

灰谷健次郎の心の中の小谷先生は、夫との関係においては簡単にハッピーなほうに動かなかった。ここで、作品としての『兎の眼』を全体として見ると、小谷先生の夫に対しては著者の目が優しくないことに気づく。すでに述べたように、著者は相当の「悪者」に対しても暖かいまなざしを向けている。ところで、作者というものは、自分の作品中のすべての人物を愛すべきではなかろうか。愛するとは、悪を善に言いかえ、俗人を聖者に見たてたりすることではない。俗人は俗人なりに、悪人は悪人なりに、その存在の根っこまで、できる限りかかわるのを放棄しないことを愛と言うのではなかろうか。

灰谷健次郎が創作という新しい世界の開拓を続けようとする限り、今後は小谷先生の夫のような人を愛することに取り組まねばならないかも知れない。おそらく、俗気の少ない同氏にとって、このことは命がけの仕事になることとも思われる。自分は障害児に十年会い続けている、灰谷先生は障害児のことを書くだけ――それも短期間のかかわりを書くだけ――だと思った人は、書くことも命がけであることを理解してほしい。そして、自分が障害児に接しているとき、自分がどれほどのものを賭けているかを反省してみることである。それにしても書くことは恐ろしいことだ。著者は俗気のない人だが、『兎の眼』にはどこか通俗性があるように筆者には感じられる。作品というものは著者が意識内にはもっていないものを露呈することがある。ここに著者の今後の課題が示されているように思う。すでに述べたように、読者が小谷先生の夫のことにこだわるのは、あんがい、このようなことを感じとっているためかも知れない。

## 主人は誰か

小宮山量平の「いま創作児童文学の壁に直面して」という講演[5]は、児童文学における問題点をいろいろと指摘していて興味深いが、その中で、「わたしは文学はどういう意味でも主人持ちであってはならないと思います」という有名な志賀直哉の言葉に反論して、「むしろ、いついかなる時でも、文学は自分自身の真実を主人公にした主人持ち文学じゃなくちゃいかん……と、何故言わんのだろう。そう胸を張って、なぜ旗を振らないのだろう。少なくとも堂々と旗を振らねばならぬのは、わが児童文学ではなかろうか」と述べたところがある。これは児童文学における重要な問題であるので、最後にこの点について少し触れておきたい。

小宮山量平は、なぜ「わが児童文学」こそ主人持ちであるべきだと主張したいのだろう。筆者も小宮山の説に賛成なのだが、筆者の趣旨は、端的に言うと、子どもこそが真の「主人」を見抜く力をもっているから、ということである。大人が主人だと思ってかつぎまわるものは、多くの場合、真の主人にはほど遠い存在であり、主人持ちの文学は、プロパガンダに成り下がる。このため、志賀直哉の言葉も生じてきたのだろう。特に、日本人はつまらぬ主人でも、いったん主人と決めると盲目的に従うような傾向があるので、インテリどもが志賀直哉の言葉に傾倒したのもよくわかる。しかし、逆に主人を見出す努力もせず、主人なしでふらふらと生きているのも日本人の特徴であり、小宮山の憤慨に示されているように、それはインテリの怠慢につながることが多いのである。

ところで、児童文学は主人持ちでなければならぬと言うときに、読者が子どもであるから、子どもたちに良き主人を見つけてやるのだなどと思うと、大きい過ちを犯すことになるだろう。その過ちの最たるものは、知らぬまに児童文学の作者自身が、子どもたちの主人のような気持ちになってしまうことである。たしかに、子どもと大人と、そのもっている知識において比較するならば、大人のほうがはるかに上である。大人たちのよく知っている事実や、月並な表現でも、子どもたちには目新しく感じられる。このため、児童文学の作家は、どうしても安易になってしまう危険がある。相手が子どもだということは、大人よりも油断がならないのである。児童文学作家の、月並な夫婦げんかの描写などを読んだ後で、六歳の女の子の次のような詩を読むと、胸に

ぐっとこたえるのだ。(6)

わたしが五さいのとき
おとうさんと
おかあさんが
ふうふげんかをしました
でもいまは
そんなことは
わすれています
きょうは　土よう日
あしたは　日よう日
あさっては　月よう日です

どんな大人だって、土曜日の次に日曜が、日曜の次に月曜が来ることは、知識として知っている。しかし、この詩のように、詩の終わりの三行に、このような表現をできる人はまずいないだろう。知識としてなら、それは当たり前のことである。しかし、こうして書かれてみると、それは千金の重みをもって迫ってくるのである。児童文学の作家は、読者のなかに子どもというすごい存在がいることを忘れないでほしい。そして、そのような読者に、「主人持ちの文学」を提供するのである。それは、よほどの「主人」でないと駄目なはずである。子どもという存在に対する畏敬の念に欠けている児童文学に接するとき、筆者はいきどおりをさえ感じる。

C・S・ルイスは「子どもの本の書き方三つ[7]」という素晴らしい評論の中で、児童文学のよくない書き方として、子どもたちの欲するものを与えようとする書き方をあげている。子どもたちは「正義」を欲するだろう。「ハッピーエンド」を欲するだろう。このような考えだけにとらわれるとき、それは浅はかな主人持ちの文学になってしまうのである。このことはすでに述べてきたことによって明らかであろう。「ハッピーエンド」を子どもたちの願いという現実のひとつとして肯定し、他の現実ともぶつからせてゆくのならばいい。そのときは、ハッピーエンドはひとつの要素かも知れないが、「主人」にはなっていないのである。

ルイスのあげている、児童文学のよい書き方のひとつは、特定の子どもに自ら話して聞かせる方法である。これは先にあげた方法と似ているようで、まったく異なるものである。大人が頭で考えた子どもに喜ばれる話と、目の前に現存する一人の子どもに喜ばれる話とは、まったく異なる。それほどまでに、生きている子どもは恐ろしい存在なのである。何度も同じことを言うようだが、子どもの頭脳、子どもの体力は大人より劣っている。しかし、子どもの魂は、測りかねる偉大さをもっている。一人の子どもを相手に、話をするとき、われわれはそれに対抗しうる「主人」をもつことがどれほど大変なことであるかがわかるであろう。

ルイスのあげている、もうひとつのよい方法は、「子どもの物語が、自分のいわんとすることを、最もよく表わし得る文学形式だから」と述べている。そして、彼は自分は物語を「つくる」のではなく、「見えてくる」のだと言っている。つまり、彼は自分の心の中に「見えてくる」ものを表現する上において、児童文学という形式が最も適しているから、そうするのだ、と言うのである。彼にそのような物語を見させるもの、それこそが彼の「主人」ではなかろうか。では、その主人は誰なのだろうか。

志賀直哉の言葉と、小宮山の言葉と、どちらもが意味をもっていることを認めた上で、志賀の言葉を、「文学は直接的に語れるような主人持ちであってはならない」と言いかえてみては、どうであろう。あるいは、小宮山の言葉を、「児童文学は『子どもの目』にかなうような、主人持ちの文学でなければならない」と言いかえてみては、どうであろう。浅はかな主人は『子どもの目』によって、偽物であることを、すぐ見やぶられるであろう。本当の主人は、簡単には直接的に語れぬものである。作者は自らも直接には知りえない「主人」の意を受けて動く作中の人物たちを、的確に描写する仕事と、時には「主人」の意を量りかねて、自らの意で作中人物を動かしてみる仕事とをやり抜かねばならない。読者は、作品を通じて、その背後に存在する「主人」を見出そうと努める。結局のところ、読む人も書く人も、この測り難い「主人」の姿を求めて努力を重ねることになる。そして、言うならば、このような主人探しこそ、人生の窮極の目標に通じるものと言っていいのではなかろうか。このような意味で、筆者は児童文学を、自分の生き方に深くかかわるものとして読んでいる、と言ったのである。

(1) C・S・ルイス、清水真砂子訳「子どもの本の書き方三つ」『オンリー・コネクトII』岩波書店、一九七九、所収
(2) 河合隼雄「『モモ』の時間と『私』の時間」『人間の深層にひそむもの』大和書房、一九七九、所収
(3) 今江祥智「解説―いきさつ　ふたつ」吉村敬子・文/佐々木麻こ・絵『ゆめのおはなしきいてェなあ』偕成社、一九八〇
(4) 河合隼雄「新しい親子関係の探索」『新しい教育と文化の探求』創元社、一九七八、所収
(5) 小宮山量平「いま創作児童文学の壁に直面して」『児童文学1980』聖母女学院短大児童教育学科、一九八〇
(6) まつなり　さとこ「なかなおり」灰谷健次郎他編『児童詩集　たいようのおなら』サンリード、一九八〇
(7) 前掲(1)

# 「うさぎ穴」の意味するもの

## 落とし穴

一八六五年のことである。少女のアリスは大変なことを見てしまった。「ウサギがチョッキのポケットから、懐中時計をとり出して、時間を見て、また、とっといそいでゆく[1]」のを見たのである。彼女はその前に、うさぎが「ああたいへんだ！　たいへんだ！　これではまにあわないぞ！」などとひとりごとを言っているのを聞いたときは、「べつにとてもかわったことだとも思わなかった」のだが、懐中時計には驚いてしまったのだ。人間にしても、昔は懐中時計などというものを持っていなかった。太陽や月や、鳥や風や、自然が告げてくれる「とき」に従って生きていたのである。ところが、時計というものが普及して以来、人間は時計の針に縛られて生きるようになってしまったのだ。その時計を、うさぎが持っている！

　アリスは珍しくてたまらなくなり、うさぎを追いかける。そのうさぎが、生け垣の下のうさぎ穴にとびこむのを見て、「すぐさまアリスも、つづいて穴へとびこみました。いったい、どうやったらまた出てこられるかなどということは少しも考えないで」ということになってしまう。うさぎ穴にとびこんだアリスが、どんな「ふしぎ」な体験をしたかを、ここに述べる必要はないだろう。本書の読者でそれを知らない人など、まずいないことであろう。それにしても、アリスを珍しがらせた、うさぎの時計はまったくの食わせものだったらしく、「うさぎ穴」の世界では、時間も空間も、この世の法則とは異なっていたようだ。うさぎ穴の世界では、アリスが後に出会った三月うさぎが持っていたような、バターをぬったり、お茶につけたりして使用する時計のほうが、ふさわしいように思われる。

うさぎ穴の世界では、この世で、ものごとを定位するのに重要視される、時間と空間の仕組みがまったく異なっている。ところで、アリスの住んでいたイギリスという国は、うさぎ穴の多いところと見えて、その世界を描き出した名手たちがたくさんいる。もちろん、どの穴から這入ったかによって、その世界もさまざまであるが、いわゆる妖精物語の作者たちなども、その中の一種であろう。妖精物語の中では、主人公は空を飛んだり、動物と話し合ったり、この世の法則を超えて自由に行動する。ところで、そのような妖精物語の偉大な作者であるトールキンは、彼の描き出す世界について、次のような興味深いことを述べている。(2)

妖精の国は危険なところです。そこには不注意な者には、落し穴が、無鉄砲な者には、地下牢が待ちうけています。……それまでの私は、たかだかこの国をさまよい歩き、そこにみちている驚異を体験はしても、有用な知識を得ることのなかった探険家（あるいは侵入者）であるにすぎませんでした。

あの壮大な『指輪物語』の作者の言としては謙虚に過ぎる感があるが、実際に妖精の国を知ると、このように言いたくなるのであろう。「どうやったらまた出てこられるかなどということは少しも考えないで」うさぎ穴にとびこんだアリスが、落とし穴にも地下牢にも閉しこめられずに帰ってこられたのは、まったく幸運なことであったが、あのころは、うさぎ穴の出入りも現代よりは危険性が少なかったのかも知れないし、アリスのお話からうかがえるように、アリスという少女が非凡であったためかも知れない。それにしても、一八六五年よりもっと以前、つまり「昔々」の時代には、うさぎ穴の世界もこの世も入り混じっていたように感じられる。そんなときに、人びとは今よりは、はるかに自然と密着した生活をしていたのであろう。ところが、西洋に発展した自然科学は、そのような世界をこの世から、だんだんとよそに押しやって、「うさぎ穴」に出入りできる特別な人だけが、そこの世界へ行けるようになったように思われる。

「うさぎ穴」から帰ってきた人は、それを妖精物語という枠にはめて語るのであるが、妖精物語の栄えるイギリスにおいて、『オックスフォード大辞典』によれば、それは妖精についての物語であるという定義のみならず、「非現実的な、信じがたい物語、そして、まやかしものである」と記されているという(3)。つまり、自然科学の君臨するこの世においては、それは「まやかし」ものとしてのみ、存在する場所を与えられているのである。しかし、現代、この世において、「まやかし」としてではなく、そのような世界に触れた人はどうなるだろうか。

## 秘密

一九五八年と言うと、アリスのときから約百年近く経っている。これも主人公はイギリス人だが、少年のトム・ロングは不思議な体験をする。(4)と言っても、これは別に、うさぎ穴の中の事件でもないし、妖精の国の物語でもない。現代のイギリスの小都市の、普通の住宅地で起こったことである。少年トムは、弟のピーターがはしかになったので、アランおじさんの家に隔離されることになる。せっかく楽しみにしていた夏休みの間、親兄弟から離れて、面白くもない家ですごさねばならなくなって、少年はまったく不機嫌である。ところが、ここでも時計が話のはじまりに大きい役割を演じるのである。つまり、トムは真夜中に階下の大時計が十三時を打つのを聞いたのだ。

われわれが普通に持っている時計は、十二時までである。それは十二によって、ひとつの完結を示す。ところが、トムの聞いた時計の音は、それを超えてしまったのだ。それに、トムのようにキリスト教国の人にとっては、十三という数は不吉な感じを抱かせるものでもあろう。しかし、十三人目のユダの存在なしにキリストの神話が完結しないように、十三という「とき」をもってこそ、われわれの存在も完結されるのかも知れない。しかし、そのためには、十二が示しているような、ひとつの完結性は破られねばならないのだ。

十三時の時計の音を聞いて、階下に降りていったトムは、裏口をあけてみて、そこに美しい庭を見出したのだ。裏口から外へ出たところで、ただがらくた入れの箱などがあるだけだと、アランおじさんに聞かされていたトムは、庭を見て驚くと同時に、おじさんがうそをついていたと思って憤慨する。しかし、朝になって調べてみると、実際はおじさんの言ったとおりで、トムが真夜中に見た庭はそこには存在していなかったのである。トムは不思議さに参ってしまいそうになるが、十三時を打つ時計が鍵であると考え、その次の夜から、時計が十三時を打つのを待って裏口をあけ、そこに「存在する」庭へと遊びに出るようになる。

トムはこの庭で少女ハティと知り合って、ますます真夜中の庭の世界に惹きつけられてしまう。アランおじさんの家に留まることを嫌っていた彼は、しまいにはなるだけそこにいたいと思うようになる。ピーターのはしかも治ったし、トムが喜んで帰ってくるものとばかり思っていた彼の両親は、少年が帰らずにアランおじさんの家にいたがっていると知って不安になってくる。トムがなぜそんなことを言いだすのかわからなかったからである。このことはずいぶんと興味深いことである。少年は両親にとって計り知れぬ秘密の世界をもち、それゆえにこそ、彼はもはや常に両親の側にいることを最大の幸福であるとは考えない人間になっているのである。つまり、少年は以前よりも自立的な人間になっている。

「人間にとって大切な『個』としての感情を強めるには、その人が守ることを誓った秘密をもつことが一番いい方法である」と精神療法家ユングは、その『自伝』の中で述べている。[5] そして、このような秘密をもつとき、「多分生涯において初めて、自分自身が主人であると思いこんでいた自分のもっとも個人的な領域の中に、自分よりもより強力な他者の存在することを、目のあたりに顕示されることになる」と述べている。たしかに、トムは彼の秘密の庭には、ハティという女性が存在することを目のあたりに見、しかも、ハティは彼の意志や時間の制約を超えて、自由に活動するのである。

自然科学の発達によって、人間は多くの事象を説明し、理解することができるようになった。人間がどのようにして生まれてくるかという点に対しても、少年たちでさえすでにほとんどその「秘密」を知っているのではないだろうか。何もかもがわかってしまって、秘密は残されていないように思われる。しかし、考えてみると、このような自然科学の知識は、人間というものがどうして生まれてくるかを説明するものではあっても、トム・ロングという個人が、どうして他ならぬトム・ロングとして、この時この場所に存在することになったかを説明してくれるものではない。私という人間が他ならぬ私として存在するという確信をもつこと、言いかえると、私という人間が生きてゆく「意味」を見出すこと、これについては自然科学は解答を与えてくれず、各人は各人にふさわしい方法で、それを見出さねばならない。つまり、個人は各自にかけがえのないものとしての秘密をもたねばならない。

トムの体験した「真夜中の庭」はそのような秘密を彼に提供するものであった。日常の十二時間に加えて、十三番目の「とき」――それは永遠にも通じるように感じられた――が存在してはじめて、トム・ロングの存在は完結性をもつのである。トムはあれほど帰りたいと思っていた両親の家を離れて、一人ですごすことのできる魅力をそなえた世界を見出したのである。生きることの意味などというものは、言語や論理によって簡単に説明しうるものではない。トムにとっては、真夜中の庭と、その住人である少女ハティとして顕現された世界こそ、彼に生きることの意味を与えてくれるものであった。

老婆心ながら、このような「秘密」の世界は、もちろん危険性も十分にもつものであり、トールキンの言うように、落とし穴と地下牢に満ちていることを再びつけ加えておきたい。十三時の世界に這入り、日常の世界とのつながりを忘れたものには破滅があるだけである。

## 目に見えぬ亀裂

トムの体験した、日常と非日常の世界は、十三時を打つ時計の音によっても区切られているが、裏口へ通じる扉によっても区切られている。換言すると、日常の世界から非日常の世界へと通じる「通路」が設定されているわけであるが、この点について、上野瞭は児童文学についての興味深い評論の中で、「物語のなかの『通路』が、信仰の退潮と相前後して生まれてきた(8)」と指摘している。これはなかなかの卓見であるし、筆者の論もこれと同様とも言えるのだが、少しニュアンスが異なってくる。すなわち、上野は一八六三年のチャールズ・キングスレイによる『水の子』[7]を例にとり、そこに、「信仰退潮の現実世界と信仰の世界」という二つの分化した世界の存在を指摘し、それを結ぶ「通路」の必要性を論じている。このような言い方は、下手をすると、「うさぎ穴」の世界が信仰の、したがって、神の世界であるという錯覚を起こさせるのではないだろうか。筆者もそれが深い意味における「宗教性」と関連する世界であることを認めるものである。しかし、それは神の世界であると同時に悪魔の世界でもあると思うのだ。

「通路」が児童文学の世界に設定されはじめたときを、信仰の退潮へとすぐに結びつけるのではなく、西洋の近代合理主義の台頭へと関連づけたほうが望ましいように思う。結局は同じことだと言われそうだが、西洋における信仰の世界は、こちらで想像しているほど簡単に「退潮」していったのではないように思われる。合理主義はむしろ、プロテスタンティズムと結びついて、それは信仰を失うどころか、むしろ、違った意味でそれを強化したとも言えないだろうか。プロテスタントの峻厳な教理は、西洋の世界の非神話化をもたらし、たしかにそこには「信仰」は存在するが、非合理な魅惑をもたらすものは、あちらの世界へと追いやってしまったのではなかろうか。つまり、こちらの世界にも信仰はあったのだ。しかし、それは「まやかし」をできる限り排除した信仰であろうとしたのである。はたして、そんなことが可能であろうか。

アリスや『水の子』の時代はまだよかった。現在においては、人びとはどのような信仰であれ、

「まやかし」と感じはじめたのではないだろうか。こちらの世界で「まやかし」とされることは、どんどんあちらの世界へ送りこまれ、あちらの世界からこちらへ至る「通路」は、ほとんど閉ざされたままである。かくして、人口過剰となったあちらの世界からこちらの世界へ向かって、深い亀裂が走ることになった。われわれの今生きている世界には、目に見えない深い亀裂がはいっている。

目に見えない亀裂に足をとられた子どもたちは、命を失ったり、必死でそこから逃れようとあがき続ける。亀裂が見えない大人たちは、それを「子どもの自殺」「家庭内暴力」の増加という新聞記事として見て、このごろの子どもは不可解だと首をかしげるだけである。

「目に見えぬ亀裂」の恐ろしさを描き出しているものとして、ル＝グウィンの『さいはての島へ――ゲド戦記Ⅲ』[8]を取りあげてみたい。ゲドの物語についてはすでに他に論じたことがあるので[9]、ここでは全体には言及せず、本題に関連することにのみ少し触れることにしたい。この物語が書かれたのは一九七二年であるが、物語自身はこの世には簡単に定位できぬ「アースシーの世界」のこととして語られている。ところで、このアースシーの世界で、なんとなくすべてのことがうまくゆかなくなるのである。それを端的に示している一例をあげると、ローバネリーというところは織物の産地として有名なのであるが、そこの織物はどこか何かがおかしいのである。仕上がってくる織物は色も形も昔のものとどう違っているとは言えないが、何かが足りない。いかさまだとは感じるのだが、さりとてそれを証明することができないのである。これが筆者の言いたい「目に見えない亀裂」の現象である。現在の人びととの深く計り難い不安は、このようなものではなかろうか。あると言えば物質的にはいろんなものがありすぎるほどある。しかし、どこか名状し難い物足りなさ、不安が底流している。

ゲドの物語は、このような亀裂は、永遠の生を願う人間の希望をそのまま具現して、死の世界より生の世界へと戻ってくることのできる道を開けたものがあり、そのために全世界の均衡が狂ってしまったことが原因であると述べている。生の世界と死の世界が分けられているとき、この世は生命力に満ちた均衡の世界となる。しかし、生と死の世界が区別を失うとき、世界はまったく平均化された静止、無の状態になってしまう。そこには、無気力、無感動が漂うことになる。

合理化された世界が肥大し、非合理の世界などないのだとさえ思ったとき、そして、あちらの世界への通路をさえ断ち切ってしまったとき、逆に、こちらの世界には大きい亀裂がはいり、あちらのものがこちらに知らぬ間に混じりこんでしまっているのが、現在の状況ではなかろうか。それを、ル＝グウィンは見事に描いていると思われる。

## 昔々……のことではなく

このように言っても、「アースシーの世界」は、しょせんファンタジーという「まやかし」の世界であると思う人もあろう。そのような人のために、ここに現実の話をひとつ取りあげることにしよう。

リヒターの『あのころはフリードリヒがいた』[10]は、この世の、しかもつい最近のことを描いたものである。作者の「ぼく」もフリードリヒも一九二五年に生まれた。「ぼく」はインフレにおののく貧しいドイツ人の家の子どもである。フリードリヒの家はそれよりは少しましな、と言っても決して裕福とは言えぬ家である。はじめの数章は貧しいながらも、心の暖まる、フリードリヒと「ぼく」の家の交流が語られる。しかし、一九三三年ごろより事態は急激に変化してくる。フリードリヒの家族がユダヤ人であったためである。この本の訳者は、あとがきの中で、「読み続けるのが辛くてたまらなかったのも事実です。でも、先を読まずにはいられませんでした」と記しているが、これは、この本を読む者が等しく抱く感情であろう。読み続けてゆくのに従って、われわれは胸をしめつける鋼の輪が、徐々に体に食いこんでくるかのような傷みを感じる。愛らしいフリードリヒの身の上に、つぎつぎと重圧がかけられ、良心的な「ぼく」と「ぼくの家族」にしても、ほとんど助けの手をさしのべることはできないのである。

フリードリヒを苦しめて猛威をふるうものは、まったく非合理なものである。しかも、誰もそれに抗することはできないのだ。最後になって、空襲下の防空壕に避難した人びとは、ナチスに魂を奪われた防空委員長が、フリードリヒがユダヤ人だというので、壕に這入るのを拒絶したとき、それに抗することができなかった。そして、フリードリヒは死亡した。

筆者にはこの本の題名、『あのころはフリードリヒがいた』(Damals war es Friedrich)は、昔話の冒頭に語られる、「昔々」(Es war einmal)を踏まえているように感じられる。すでに述べたように、人間が動物と話し合ったりするような、ありえないことでも、それが「昔々」(einmal)のこととわかると、人びとは納得がいく。しかし、このフリードリヒの話はどうであろうか。この話を読んで「こんなことは、ありえないことだ」と感じる人が多いだろう。しかし、その「ありえない」ことが、昔々ではなく、はっきりと特定しうる時(damals)に起こったのである。この本の各章の見出しの下には( )の中に、そのときの年代が、一九三三、一九三四、のように書きこんであるのが特徴である。付録につけられた、詳細な年表と註は、この物語がこの世界で確実に生じたものであることを、われわれに、いやおうなくわからせてくれる。これは、時計が十三を打つことはありえない世界のことなのだ。

カイヨワは、妖精物語と比較して、幻想的小説は、その中における超自然的なものが、「あり得ないことは起こり得ないということに定義によって決められている世界に突然起った、あり得ないことなのである」[11]と述べている。フリードリヒの悲劇は、われわれに「ありえないこと」という実感を与える。しかし、この話は妖精物語でも幻想的小説でもない。本当にあった現実世界の話である。

フリードリヒの悲劇を踏まえて、次の文章を読んでみよう。「竜がごうっとまいおり、飛びすぎてまためぐってくるそのたびに、火は木はだぶきの屋根や、はりのつき出たところからもえひろがりました。竜のおそってくるあいまに水をかけても、かいがありません。……官邸の大屋根がくずれて、吹きとびました。消せなくなった炎が夜のやみのあちこちに高くもえあがりました。竜が降下するたびに、あの家この家が火につつまれて、くずれおちました』。[13]

これは、トールキンの有名な妖精物語『ホビットの冒険』の一節である。しかし、この光景は、フリードリヒが空襲下に命を失うときに体験したこと、ほとんどそのままではないだろうか。こんな点から考えると、あちらの世界の物語と、こちらの世界の物語を分類することさえ無意味なように思えるのである。フリードリヒが死んだとき、「うさぎ穴」――人工のお粗末な地下壕――に這入っている人びとは安全であり、穴の外にいたフリードリヒこそが悪魔や竜の荒れ狂う姿を見たのである。つまり、ここでは、穴の外が普通の世界で、穴の中には悪魔がいるというのではなく、むしろ逆転してしまっているのだ。こちらの世界には、「まやかし」ものなどいないどころか、むしろ、まやかしに満ちているとさえ言えることを、『あのころはフリードリヒがいた』は、如実に描き出しているのである。

## 子どもの目

今まで述べてきた点から考えてみると、現在では、はじめに「うさぎ穴」の世界として記述した世界は、どこかに「他界」として存在するのではなく、むしろ、この世と渾然一体としているのではないかと思われる。それも、「昔々」の時代とは異なって、多くの人は、そのようなことに気づかずにいるのだが、「うさぎ穴」の世界を見ることのできる人にとってだけ、それが見えるのではないかとさえ思われる。「うさぎ穴」の世界がこの世にまで侵入してきて、ものを見る目をもつ人ともたぬ人とでは、それに対する対処の仕方がどれほど異なるかを、ミヒャエル・エンデの『モモ』[13]は見事に描き出しているように思われる。これはフリードリヒの住んでいた国ドイツの作家によって一九七三年に書かれたものである。

この素晴らしい物語をここに紹介するための紙数は残念ながら、あまり残されていない。しかし、『モモ』という題名の下に書かれている、「時間どろぼうとぬすまれた時間を人間にとりかえしてくれた女の子のふしぎな物語」という言葉によっても、どんな物語なのか少しは推察がつくだろう。ここでも時間が問題となっている。「うさぎ穴」の話と時間の問題は切っても切れない関係をもっているようだ。実際、『モモ』のお話の中心テーマは時間なのである。

社会全体の管理と画一化がすすみ、たとえば、日本中の人が同じ時刻に起床、同じ朝食を食べ、同じ服を着るようにする、ということにでもなれば、多くの人は必死に抵抗するだろう。「個人」の重要さを人びとは主張することだろう。しかし、このような人たちでも、すべての人がまったく「同一の時間」を生きている、ということを承認している人が多い。一分間は誰にとっても一分間、午後の一時は日本のすべての人にとっても午後一時。たしかにそう言えばそうである。しかし、はたしてそうだろうか。そして、この事実を自明のこととすることによって、人間の画一化、個性の磨滅の第一歩が始まっているのではないだろうか。それは、すべてのものの価値を均質化し、一直線上に並べられるような錯覚を起こさせる「お金」と同じ力をもっている。実際、『モモ』のお話では、時間をお金と同じように節約し、貯蓄するというアイデアが中心となるのである。

人びとは時間泥棒の甘言に乗って、時間を節約しようとし、血まなこになって働き、そこに自分の人間性を失ってゆく。「進歩」と「能率」を標語にして、「遊び」を失い、個性を失ってゆく人びとの姿が、『モモ』には見事に描写されている。

狂奔する人びとのなかで、モモだけは時間泥棒の誘いに乗らなかった。彼女には真実が見えた。人びとの「目に見えぬ亀裂」が、モモには時間泥棒の策略としてはっきりと見えたのである。時間には個人によって異なり、決して均質化されぬ面もあることを彼女は知っていた。そして、素晴らしいことに、彼女は、「自分の時間」を見たのである。長くなるので引用できないが、彼女の見た、彼女の時間の描写は、この本の圧巻をなしている。自分の時間を見たもの、その人こそが「個」を確立したものである。少年トムの見た庭のように、それこそ、少女のモモの「個」を支える最大の秘密である。しかし、秘密を知ったものは孤独に耐えねばならない。モモはその孤独にも耐えて、最後は人びとを幸福にするのだが、そのあたりのことは省略する。

ここで大切なことは、すべての人が時間の節約に夢中になっているときに、モモのみが真実を見ていたということである。画一化された社会で、皆が個性を失ってゆきつつあることをはっきりと悟らせたモモ、そのことを書いたモモのお話は「まやかし」であろうか。フリードリヒの話は「現実」の話であった。その話を進めてゆく、歯車のように正確に動く「時間」は画一化されたものであった。すべての人がその時間に乗り、そこから排除されたフリードリヒたちを殺戮していったとき、その組織の頂上に立っていたヒットラーを、「まやかしもの」と呼んではいけないのだろうか。少年の「ぼく」の目は冷静に、その軌跡をとらえ、われわれに示してくれている。

ここまで書いてきて、筆者にはっきりとわかったことは、「うさぎ穴」とは、トムやモモたちのように、真実を見る力をもった透徹した「子どもの目」ではないか、ということである。「うさぎ穴」の世界が、この世の上にあるわけでも下にあるわけでもない。しかし、この世を、このような「子どもの目」によって見るとき、そこに大人たちが見あきている世界とは異なる世界が見えてくるのではなかろうか。それこそが、「うさぎ穴」の世界なのである。

このように考えてくると、今までに取りあげてきた作品を、子どものための作品として児童文学というジャンルに入れるのはおかしいのではないかと考えられる。これらの作品は、今まで明らかにしてきたような「子どもの目」を通して世界を見た文学として、新しい名前と分類を主張していいのではないだろうか。もちろん、ここに言う「子ども」は、モモの物語が示すように、未成熟を意味するものでないことは言うまでもない。大人の心の中に存在する未成熟で、かたくなな子どもの目を通して世界を見て、それを「児童文学」と呼んでみても、それは、たかだか同種の趣味をもった少数の大人から喜ばれるにしろ、子どもたちからは見向きもされないであろう。モモが大人からも子どもからも等しく友人と思われたように、ここに述べたような「子どもの目」

を通して描かれた文学は、子どもからも大人からも愛されるべきものなのである。

鶴見俊輔は、筆者と同様の論点に立ってのことと考えられるが、「毎日の責務の中にうずもれている、はたらきものの会社員こそ、少年少女小説を、通勤電車の中で読むのにふさわしい。そういう時代が、もう鼻の先まできているように、私には思われる」[14]と述べている。モモやトムの見た世界を描いた作品は、子どものための、ファンタジー――つまり、「まやかし」――などではなく、「毎日の責務」のために目を曇らされた大人たちが、見損っている「現実」を語ってくれていることを、はっきりと認識しなくてはならない。その「現実」は、少年フリードリヒを殺した理不尽な力のはびこっている「現実」と同等、あるいはそれ以上の重みをもつものなのである。

透徹した「子どもの目」を通して見た「うさぎ穴」を描いた文学が、老若男女を問わず、すべての人びとに読まれるようになることを願って、筆をおくことにしたい。

（1）L・キャロル、田中俊夫訳『ふしぎの国のアリス』岩波書店、一九五五
引用はすべて本訳書によった。

（2）J・R・R・トーキン、猪熊葉子訳『ファンタジーの世界――妖精物語について』福音館書店、一九七三

（3）J・R・R・トーキン、前掲書に引用されているもの。

(4) F・ピアス、高杉一郎訳『トムは真夜中の庭で』岩波書店、一九七五
(5) A・ヤッフェ編、河合隼雄・藤繩昭・出井淑子訳『ユング自伝2――思い出・夢・思想』みすず書房、一九七三
(6) 上野瞭『現代の児童文学』中央公論社、一九七二
(7) C・キングスレイ、阿部知二訳『水の子』岩波書店、一九七八
(8) A・K・ル＝グウィン、清水真砂子訳『さいはての島へ――ゲド戦記Ⅲ』岩波書店、一九七七
(9) 河合隼雄「『ゲド戦記』と自己実現」『人間の深層にひそむもの』大和書房、一九七九、所収
(10) H・P・リヒター、上田真而子訳『あのころはフリードリヒがいた』岩波書店、一九七七
(11) R・カイヨワ、塚崎幹夫訳『イメージと人間』思索社、一九七八
(12) J・R・R・トールキン、瀬田貞二訳『ホビットの冒険（上・下）』岩波書店、一九七九
(13) M・エンデ、大島かおり訳『モモ』岩波書店、一九七六
(14) 鶴見俊輔「解説」上野瞭『目こぼし歌こぼし』講談社、一九七八

# 児童文学の中の「もう一人の私」

## はじめに

子どもはその成長の途上において、何度も「私とは何か」という問いに遭遇する。それは大人が想像しているよりは、はるかに深刻に、はるかにしばしば生じているように思われる。この問いは、私は「どこから来て、どこへ行くのか」という根元的な問いにつながっている。子どもは、相当に幼いときから死のことも考えているようである。森崎和江は自分の二人の子どもが三、四歳のころに死について問うたことを報告している。[1] あるいは、子どもが赤ちゃんがどうして生まれてくるかに関心をもつとき、それは「私はどこから来たか」という問いに関連して生じている面もあると思われる。

人間が「私」ということを、しっかりと定位しようとするとき、それはこの世の存在を超えた何かと関連づけられることを必要とする。この世のものとの関連においても、それは定位され、そのことは非常に大切なことではあるが、何と言ってもそれは「はかない」ものである。子どもたちは、自分は自分の父、母によって守られていることを知り安心はするものの、その父も母も死に、自分自身も死ぬことを知り、「それから……」と考えこむのである。もっとも、子どもたちはこのような問いがいかに大人を不安にさせ、時には不機嫌にさせるかを知っているので、めったに大人に対して直接に問いかけることはしないようである。

人間にとって、最後のより処となるのは自分自身であると言えるのだが、その自分自身についていったいわれわれはどれほど知っているだろうか。最後のより処とされる自分自身でさえ、「われにもあらず」変なことをすることもあるし、いくら考えてみても自分の力はそれほど頼むに足らぬと思われるときもある。あるいは、自分の中に二人の人間が住んで戦っているのではないかと思われるときさえあるだろう。子どもたちもこれらのことを、相当早くから体験を通じて知っている。しかも、大人のように常識や、自分の体面を保つことにそれほども縛られていないので、現象を澄んだ目で見やすいところがある。

「私とは何か」「私はどのようにして定位されるのか」などという根元的な問いに対して、したがって、「子どもの目」でものごとを見たほうが有意義な答えを引き出しやすい利点をもっている。このような考えから、人間における超越の問題を考える上において、児童文学の作品を素材として用いることにしたのである。「私」と「私を超えるもの」との関係の問題は、児童文学の中での「もう一人の私」の主題として展開されている。もっとも、このことは成人の文学にも認められるし、その点についてはすでに論じたことがあるが、以上に述べたことから、やはり「子どもの目」を通してこの問題を見ることが、きわめて適切であると思うので、ここに児童文学における「もう一人の私」を取りあげることにした。

## 一　『ぼくと〈ジョージ〉』

アメリカの児童文学者カニグズバーグは、数々の名作を発表してきているが、ここに取りあげる『ぼくと〈ジョージ〉』(2) は、まさに「もう一人の私」そのものを主題としており、それが現代文明の中でどのような意味をもつのかを、見事に描写している。この作品に沿って、少し詳しく考察してみたい。

### 1　自分の中の他人

この物語の主人公、ベンジャミン・ディキンソン・カーは、よくできる六年生の男の子だが、彼の弟以外は誰も知らぬ秘密をもっていた。それは、彼のからだの中に「ジョージ」という「世界一といっていいくらいおかしな、ちっぽけなやつで、おまけに悪いことばを使うやつ」が住んでいたのである。ベン（ベンジャミン）はそのことを母に告げたことがあるが、母親はベンの「空想上の遊び相手」くらいに思って、大して気にとめなかった。母親というものは、子どものこまごましたことにはよく気がつくが、子どもにとってきわめて大切なことには無頓着なことが多いものである。ジョージはベンに対して、「言葉なし」で話しかけたり、実際にベンの口を借りて言葉を出して話しかけたりする。言葉つきは悪いが「悪いやつ」ではなく、むしろ、ベンのことをいろいろと助けてくれると言ったほうがいいだろう。ベンはもの静かなはにかみやであったが、ジョージは騒々しいほうで、面白いジョークを言ったりしてベンを喜ばせたりした。したがって、「ベンとジョージはずっと仲良く、共生生物的にくらしてきた」のである。

ベンの母親は離婚している。ベンの家は父親が不在で、母親とベンの弟のハワードとの三人暮らしである。母親は仕事に忙しく、家事は手抜きがちである。それにこの母親は「ナイロンの靴下を置き忘れてベンにさがさせる。ねんがらねんじゅう」というような有り様であり、ベンは男の子でありながら、なんとなくこの家の「主婦」の役割をさせられることが多い。作者のカニグズバーグはなんら感傷的になることもなく、むしろ淡々と記述しているが、アメリカの文化の中で育ってゆく子どもたちの背負っている重荷を実に的確にとらえて述べている。ベンは別に経済的に困っているわけでもない。特に母親の愛情が少ないとか、その他のいろいろな問題や障害を背負っているわけでもない。しかし、生きてゆくことはなかなか困難であり、彼が生きてゆくためにはジョージという目に見えぬ助けを必要としたことがよくわかるのである。

アメリカ文化のもつ合理性、善意、幸福を求めての努力などが、どれほど子どもたちを圧迫しているか。この本の訳者も述べているように、「飽食し、満足している」と思われているアメリカの中流階級の子どもたちが、「どんな苦しいたたかいを強いられているかについて」カニグズバーグはさりげなく、そして愛情をこめて描いている。ベンの弟のハワードは、「問題児」であり、幼稚園を退園させられたりしたが、ハワードはこのようにして表立って戦っているのであり、表面では「よい子」であるベンは、どうしてもジョージという助けを必要としたのである。

このような点について、ベンたちの母親のカー夫人は後で気がつくようになるのだが、そのところを作者は次のように述べている。

息子のベンは自分が思っていたほどまとまりの良い、きちんとした小包ではないことがわかった。彼は二つの小包で、片方は彼がこしらえたものなのだ。ハワードは、町のだれからも、どの先生も、どのベビーシッターも、どうしようもないお荷物というけれど、出来の悪い開口部、つまり彼の大口を通して、自分のからだの中から何でも彼でもぶちまけることができるのだ。ところがベンジャミンはそうはいかなかった。ベンジャミンは全部心にしまいこみ、ジョージをつくったのだ。ベンが不安なとき、怒ったとき、恨めしいとき、ジョージがベンの代わりに感情を口に出したのだ。

アメリカの中流社会において、言わば理想的と思われる少年ベンは、大きい犠牲の上に立ってできたものであり、それを贖《あがな》うためには、ジョージという不思議な存在が必要だったのである。

少年ベンはジョージと一組で、ひとつの全体性を構成しているのである。「二人」の協調がうまくいっている間は、それもよかった。しかし、ベンが小学六年生になったころ――つまり、ベンが思春期の入口に立ったころ――から、二人の間がおかしくなりはじめたのである。

思春期になると誰しも何らかの人格の変化を体験する。今までの自分とは異なる側面の存在が顕在化してくるからである。ベンは内界の住人ジョージと対話を続ける内向的な性格であったが、外の世界に対しても興味をもち出した。その顕れとして、ベンは有機化学に興味をもち、上級生で優等生であるウィリアムに接近しはじめた。このことは、ジョージを不機嫌にさせた。

ジョージは、人はただものを知るだけではなく、ものを知るまでの過程を楽しまなければいけないと信じていた。ところが科学の勉強で、がむしゃらに目標ばかり見て走っているベンの内側に乗っているジョージは、道の途中に咲く花の匂いをかぐことさえ許してもらえなかったのだ。

それにジョージはウィリアムも嫌いであった。

本当に他人と違っているのではなくて、違っていると見せかけようとつとめている人間を、ジョージは嫌っていた。本当に頭が良いのではなく、頭が良いように見せかけようとしているやつを。ジョージは好奇心があり、ものごとの内面を見ることのできる人間が好きだった。

ウィリアムはそんな力はふみつけにして（かりにあったとして、だけど）、そのかわりに見栄を張ることだの、成績をあげることだのに汲々としていた。

こんなのを見ると、アメリカに限らず、現代における優等生というものの実体をうまく描き出していると感心させられる。ベンはウィリアムを尊敬し、ジョージの忠告にもかかわらず接近を続け、ついにベンとジョージは大げんかをしてしまった。その上、化学実験室の盗難事件――実はウィリアムがやっていたのだが――の容疑がベンにかかってくることになり、ベンは気分が沈んだ。人間は新しい変化を体験するためには、相当な苦しみを味わわねばならないのである。

## 2 大人と子ども

ベンとハワードはクリスマス休暇に、母親と離婚し他の女性と結婚している父親を訪ねていった。このようなことは、現在のアメリカではよく行なわれている。夫婦が離婚したとしても親子の絆は切れないものであり、子どもたちも別居している片方の親に会いたいだろうし、親のほうも子に会いたいだろう。あるいは、そのような親子の接触は子どもの成長のために必要なことだろう。このような配慮から親子の「面会権」という権利が法律的に保証されているところもある。日本の家族問題の評論家が、日本でも女性が結婚生活で忍従するのみではなく、不満な夫に対して離婚を申し立てるようになったのは嬉しいことだが、それにしても、アメリカのように親子の面会権を設定したりして、離婚に伴う問題を少なくするように社会的に配慮することが必要である、とアメリカの制度を大変に羨ましがって論じているのを読んだことがある。たしかに、このような配慮にアメリカ人らしい善意を読み取ることができるが、それは日本の評論家が感激するほど、実際的にいつも素晴らしいものと限らないところに、親子関係、あるいは、人間関係の難しさがあるようである。そのあたりのことを、児童文学者は見落とすことなく記述している。つまり、われわれの話に沿って言えば、ベンとハワードの父親訪問は、それほど楽しいものではないのである。

ベンは父親の家の訪問を期待と嫌悪の混ざった気持で待った。……父親に会う時は、できるだけ背伸びをしたいという気持があった。……もし自分がほんものの恐るべき英才だったら、父親は家を出たりしなかったのではないか、という疑問がいつも胸を噛んでいた。

ベンは父親に会うときは、父親が離婚によって、どれほど素晴らしいもの（つまり、ベンという子）を失ったかを見せつけてやりたかった。それで、彼は父親の家に滞在中は、精一杯「よい子」ぶりを発揮しようと努力するのであった。このような親と子との「面会」が子どもたちにとって、まったくナンセンスであることを、大人たちは気づかないのだ。それは、大人たちがこれらすべてのことを、子どもの幸福のためという「善意」によってなそうとしているからである。「善意」に取りつかれた人は、他人の気持ちを押しはかろうとすることがない。

父親の家に滞在している夜、ジョージとベンは長い「会話」をした、と言うよりは、大声で口論をした。ジョージはベンが接近したがっているウィリアムが化学実験室でやっていることが何か怪しいとまくしたてた。ベンはウィリアムと事を起こしたくないので、返事をあいまいにして、ごまかそうとした。ジョージは怒って叫んだ。

ぼくのからだベンジャミン君、ぼくはおまえさんを人間にしたい。ぼくが誇りをもって中に住んでいられるような人間に。

これは痛烈な叫びである。しかし考えてみると、現代人の多くに対して、その内部に存在する魂はジョージがベンに対して叫んだと同様の叫び声をあげて警告しているのではなかろうか。しかも、ほとんどの人はそれを聴く耳をもたないのである。ベンはジョージの声を聞くことはできた。しかし彼は「眠い」ことを理由に、ジョージのせっかくの忠告をないがしろにしてしまう。

ところで、このことは思いがけない事件に発展した。ベンの父親の妻であるマリリンがジョージとベンの「会話」を聞いていて、ベンがてっきり「精神分裂病〔統合失調症〕」に違いないと思いこんでしまったのである。マリリンは大学時代に「心理学」を準専攻課目として取ったことがあり、その知識がこの診断に役立ったことをベンに告げる。考えてみると生半可な「知識」ほど恐ろしいものはない。それは他人にラベル——それもしばしば誤ったラベル——を貼りつけるのに役立つのみである。このマリリンの態度を、児童文学の中の名作である『思い出のマーニー』[3]の中にでてくる、ペグ夫人の態度と比較すると、生半可な「知識」をもたない強さ、ということがよく了解されるだろう。『思い出のマーニー』の主人公であるアンナという少女も、病理的な「診断名」をつけようとすればつけることのできるような行為をする。しかし、彼女をあずかっているペグさんは、田舎の人の好いおばさんで、変な判断を下すことなく、ただただアンナを受けいれ、愛するのである。と言って、筆者はペグ夫人を「無知な人」と言う気はない。彼女はマリリンが大学で生半可に得たのとは異なる「知」をもっているのだ。彼女は自分自身の長い人生経験から得た「知」によって、不幸な少女に最も適切な方法で接してゆくのである。超越に到る道に役立つ知と、その道を妨げる知とがある、と言えようか。大人のもっている知識は後者のほうが多いようだ。

マリリンは知識があるだけではなく、「親切」でもあったので、ベンをすぐ母親のもとに戻し、精神科医の治療を受けられるように取り計らってしまう。まさに子どもの魂が大人たちの配慮によってもてあそばれている、という感じであるが、精神科医に会ったこと自体は、それほど悪いことではなかった。精神科医のヘロルド先生はベンが分裂病〔統合失調症〕だなどというマリリンの偽診断を否定してくれたし、「そのうち、この二重人格をなくすことができる」という見通しを母親に語ってくれたからである。もっとも、厳密に「二重人格」と言うときは、二つの人格の間に意識の連続性が存在しないときを指すので、本当の専門家なら、ベンを二重人格とは診断しないであろう。この点は訳者も指摘しているが、さりとて、ベンとジョージのような現象を「成長の危機（節）にある人間なら、誰でも起こる現象で、決して異常な状態ではない」と言うのも言いすぎであろう[4]。

ともかく、こんな病理学の議論はあまり重要ではない。われわれとしては、作者の述べたがっている内的真実に目を向けるべきであろう。ところで、ここで話はまったく思いがけない展開をする。つまり、ベンは尊敬するウィリアムがそのガールフレンドのチェリルと、化学の自主研究の実験に名をかりて、LSDを製造していたことを探知するのである。ウィリアムは禁制のLSDを密造し、それを大学生にそっと売りつけるつもりだったのである。それにしても、お金持ちのウィリアムが、そんなことまでして金もうけをする必要はないのに、どうしてそんなことをするのか、とベンが不思議がったとき、ジョージがそれに的確に答えてくれた。

LSDを売るってより、LSDを使って自分たちを売りこみたいのさ——大学生の連中に、かれらには自分だけの特徴ってものが何ひとつないんだ、ベン。だから自分らの仲間連中と違って見えることに懸命なんだ。

これは現代に生きる若者の苦悩を見事に捉えている言葉である。お金があって時間があって、好きなことは何でもできるようでありながら、「自分だけの特徴」というものを確立し難い時代。ウィリアムのように頭のいい子は、せめて学校でいい成績をあげることによって、自分と他人との差をつけようとする。しかし、それだって「自分だけの特徴」とは言い難い。そうなると、よほど思い切ったことをしなくてはならない。そうなると、法律を破って、LSDを作るなどということになるのだ。しかし、それにしたって、ジョージが言うように、「結局べつな仲間の一人になっちゃうことに気がつかない。仲間はかわっても、自分はもとの自分なのに」ということになるだけのことなのである。

## 3　個性の確立

こんなのを見ると、個性の確立ということの難しさを痛感させられる。現代の子どもたちは、特に先進国の国々にあっては、限りない自由を許されているようでありながら、没個性的なコンフォーミティーの中に閉じこめられやすいのである。ここで、それに反抗して法律を破ってみても、ジョージが鋭く指摘しているように、「結局べつな仲間の一人になっちゃう」だけのことである。しかし、ウィリアムが同じ法律を破るにしても、特にLSDを選んだことは偶然とは思われない。と言うのは、LSDこそ「超越」の世界に触れる、手っとり早い方法を提供するものだからである。ただ、ＬＳＤは薬物の力によってそれをするので、危険度があまりに高く、法律によって禁じられているのである。[5] それは高山の頂上にヘリコプターで降りるようなものである。そのときは高山病に襲われて、せっかく高山の頂上に立っても何の意味もない。やはり高山は下から一歩一歩登ってこないと駄目なのである。

それでは個性の確立のためにどうすればいいのか。その解答のひとつがまさにこの『ぼくと〈ジョージ〉』である。「ぼく」ベンジャミンは、内界に住むジョージとの関係の確立によってこそ、その個性を発揮できるのだ。外的世界との関係が、どれほどコンフォーミティーによって整一化されるとしても、この世界を超えた超越性とどうかかわるかは、まったく個々の人間にまかされている。このジョージは、はっきりと次のようにベンに言っている。

いつもぼくのいうことを注意して聞くこと――ぼくを無視しないことさ、ベン。いま、とくにいま、きみの学科や、クラスの友だちが、ぼくの声を永久に消そうとしている時に、ぼくを覚えていてくれ。いまは危険だぞ、ベン。いつもぼくのいうことを聞いてくれ、ベン。いま、きみがぼくを黙らせてしまわなければ、ぼくはきみの中でゆたかになっていく。きみはいつでも、ぼくという頼もしい味方をもつわけだ。

たしかに、ジョージの言うとおりだ。ここでベンがジョージを完全に無視してしまったら、彼は「治った」ことになり「正常」な大人へと近づいてゆく。しかし、それはまったく没個性的な大人になるだけのことなのである。たしかに、ここはジョージの言うとおり「危険」である。しかし、それは二重の意味でそうなのだ。というのは、ベンとジョージが今までどおりのあり方を続けるなら、彼らはこの社会の中でうまく生きてゆけぬことだろう。大人たちの貼りつける「異常」のラベルは、個人の行動を極端に制限するのだ。

ベンとジョージ、それにハワードまで加わって、ウィリアムの悪事をあばき、苦心を重ねて幸福な結果へと到るところは、省略しておこう。ともかく、ベンはジョージとの接触を失うことなく、しかも、思いどおりに事を運ぶことができた。そして、ジョージはどうなっただろう。「ベンは事件の後一年半で、精神医から解放された。そのころには、ベン自身の声が低くなってしまったので、もうジョージの声と区別ができなくなった。しかし、彼は一生自分の内部を大切にするだろう」。つまり、ジョージとベンとの対話は完全に内化され、外部のものにはわからなくなったのだ。外部から見る限り、ベンは普通の少年と変わりなくなったが、「一生自分の内部を大切にする」点において、きわめて個性的な生き方を身につけたということができる。

カニグズバークの『ぼくと〈ジョージ〉』を、相当詳細に検討してきたが、これによって、「もう一人の私」という存在が、いかに超越の世界と結びつき、個性の確立と関連しているかが明らかにされたと思う。今までの論によって、本稿の述べたい主題はすべて取り扱ったと言ってもいいほどであるが、これらの点を、他の児童文学の作品との関連において、個別的に述べてゆくことにする。ただ、それぞれの作品の内容については『ぼくと〈ジョージ〉』ほど詳細に触れずに論をすすめることになろう。

# 二　相補性

少年ベンの心の中に住むジョージは、ベンが「よい子」になろうとして、あまりにも一面的になるのを、裏から補ってくれているような傾向を示していた。児童文学のみならず、文学に取りあげられる「もう一人の私」が、第一の人格に対して相補性をもつことは、容易に認められるところである。このような相補性が特に強調されていると思われる作品について、次に論じてみよう。

## 1　双子の主人公

ジョージは、一人の少年の内的な世界の住人であった。このことは子どもたちに語るのに少し難しい内容でもあるので、「もう一人の私」の問題を端的にわかりやすく提示する方法として、双子を主人公として取りあげることがある。あるいは、それの変形として、いわゆる「瓜二つ」の似た者二人を主人公とすることが考えられるであろう。

双子の主人公を扱った児童文学の名作と言うと、誰しもケストナーの『ふたりのロッテ』[6]をあげることであろう。これは双子という珍しい内容を取りあげただけではなく、児童文学の世界では、それまでタブー視されていた「離婚」ということを最初に取りあげた作品として、記念碑的なものである。

この話の主人公、ルイーゼとロッテは双子の姉妹である。両親が離婚するとき二人は幼かったが、ロッテは母親と、ルイーゼは父親と、暮らすことになる。二人は互いに自分の姉妹がこの世にいることなど知らされていなかったが、夏の休暇をあるキャンプですごすときに偶然に一緒になり、お互いの境遇を知ることになる。

二人の少女は両親をもう一度和解させるために知恵を絞り、愉快な展開を経て、話はハッピーエンドになる。話の筋は省略するが、ここで注目すべきことは、双子のルイーゼとロッテの性格がまったく対照的に描かれていることである。ロッテは大人しくて口数も少なく、少女ではあるが料理が上手で、外で働いている母を助けて「主婦」のような役割をしている。これに対して、ルイーゼはやんちゃで、よく喋り、女の子だけれど腕力もふるうほどの気の強さがある。この「ふたりのロッテ」の性格がまったく相補的であることは、誰の目にも明らかであろう。

この話の面白いところは、この二人の少女が作戦を練り、休暇から帰るとき、ルイーゼとロッテがそれぞれ入れ代わって、父母のところに行くという発想にある。ルイーゼはロッテになりすますため、料理に手をやくことになったり、ロッテはロッテでお父さん相手に陽気にふるまうことに努めたり、二人はなかなかの苦労をする。これらの努力が実って、彼女たちの父母はめでたく再婚するのだが、ルイーゼとロッテの苦労は、結婚という両性の結合の背後に、いかに多くの努力が必要とされるかを、ケストナーが象徴的に語っているようにさえ感じられる。

夫婦がめでたく結合を完成してゆくためには、「もう一人の私」とも言うべき半面との結合の努力が必要なのである。双子の子どもたちは、そのために「冒険、涙、不安、うそ、絶望、病気。ありとあらゆる目にあいました」とケストナーは語っている。「もう一人の私」とのつき合いは、やはり一筋縄ではできぬことを、この話はよく示している。

双子の姉妹を扱った他の作品として、ボーゲルの『ふたりのひみつ』[7]があげられる。主人公は七、八歳くらいの双子の姉妹、エリカとインゲである。この際も、彼女たちの性格は対照的に描かれ、エリカが何かにつけ積極的であるのに対して、インゲのほうは受動的である。インゲも少しはエリカに反抗しようとしたりもするが、結局はエリカが主導権を握り、インゲはそれに従ってしまうのである。物語については述べないが、彼女たちの性格の相補性は明らかである。

双子ではなく「瓜二つ」の少年の物語としては、マーク・トウェーンの『王子と乞食』があまりにも有名であろう。この主人公たちは性格的な対照性よりは、身分の対照性のほうが強調されている。この場合はルイーゼとロッテのような意図的な身代わりではなく、偶然の力によって、これらの少年の立場が替わり、そのために苦労することになる。きっかけは異なっているが、アイデアとして似通っている点は、表面的、社会的に承認されている自分とは、まったく反対の存在になることを体験してこそ、人間性の統合ということが可能になる、という点にある。ただ、このように見えやすい相補性が内容となるときは、超越性の問題を感じさせることが少なく、統合と言っても了解しやすいものであると言わねばならない。『ふたりのひみつ』の場合は、最後にエリカの死ということが生じ、その点においては、にわかに超越の問題を感じさせる。この点については後に論じるであろう。

双子の話であるが、児童文学ではなく、またすでに他に詳しく論じたので、ここには取りあげないが、グリムの童話の「二人兄弟」(8)は、われわれのテーマと関連の深い話であることだけを指摘しておきたい。これは双子の兄弟であるが、単純な相補性よりも、むしろ、兄の超越性のほうに重点が置かれているようである。

## 2 まっぷたつの子爵

イタロ・カルヴィーノ『まっぷたつの子爵』(9)は、「もう一人の私」を考える上で、きわめて大切な作品である。これを児童文学に分類しない人もいるかも知れないが、もともと筆者は児童文学とは、児童にも大人にも読める文学と考えているので、別に、この作品を児童文学とすることに問題はないと思っている。

この物語の主人公は、テッラルバのメダルド子爵である。彼は戦争に行き、弾丸に当たって、まっぷたつに引き裂かれてしまったが、奇跡的にその両方の半分が生きながらえ、その上、片方はまったくの善玉、他の一方はまったくの悪玉になって存在することになったのである。これはまったく寓話的な構成であるが、イタロ・カルヴィーノはこのような話を単なる寓話としてではなく、文学的な作品に仕立てあげる力量をそなえている。

物語の筋については省略し、この話に示された特徴的な点について、述べることにする。まず、善と悪ということも、広義に考えてみると一種の相補性をなすとも言えるが、こうまで「まっぷたつ」に分裂してしまうと、相補的などと言うよりも、破壊的になってくるということである。前節にあげた、ルイーゼとロッテ、あるいは、エリカとインゲたちは、その個々人はそれなりの統合性をもっていて、それ自身がひとつの人格として存在するものであった。相補性ということは、お互いの間にそれにもかかわらず存在し、それによって高次の統合への志向が生じてくるのである。しかし、この物語のような、徹底した分裂は、個々の半分がすでに統合性を欠いているので、そこには存在する危険性はきわめて高い。そして、カルヴィーノが主張したいことは、そのような徹底した分裂がわれわれの心に生じているのに、われわれは見かけの統合にだまされていて、それを自覚していないのではないかという点にあると感じられる。そして、カルヴィーノは、われわれの心の中に存在する分裂の痛みをはっきりと自覚することからこそ、治癒の道が拓けると主張したいのである。まっぷたつにされたメダルドの善半は、悪半に対して同情心をもつ、その点について、パメーラという女性が、「あなたもちょっと片端［引用ママ］だけれど、あなたは善い心の持ち主だわ」と言ったのに対して、彼は次のように答える。

ああ、パメーラ。そこがまっぷたつにされているものの良い点なのだよ。この世のすべての人が、そしてすべての生き物が、それぞれに不完全であることのつらさに気づいてさえくれれば。かつて、完全な姿をしていたときには、わたしもそれがわからなかった。そしていたるところにばら撒かれた傷や苦しみに気づかずに、わたしは平気で歩きまわっていた。完全な姿のものには、なかなか信じがたいのだ。パメーラ、わたしだけではないのだよ、引き裂かれた存在は。あなたも、そしてすべてのものが、そうなのだ。いまにしてようやく、わたしは、かつて完全な姿のときには知らなかった連帯の感覚をもっている。それはこの世のすべての片端な存在と、すべての欠如した存在とに対する連帯感だ。

ここでメダルドの善半は、すべてのものが実のところまっぷたつに引き裂かれている、と主張しているのだ。ただ、それらは見かけの完全さにまやかされてその内的真実に気づかずにいるだけである。その点、まっぷたつにされたメダルドは、すべての人の痛みを明確に自覚でき、したがって、すべての欠如した存在に対する連帯感をもつことができるのである。

善と悪とまっぷたつにされたとき、善はもはや善でありえないというパラドックスが存在する。内容については省略するが、この物語の中で、「ふたつの半分のうち、悪いほうより善いほうがはるかに始末が悪い」ことが巧みに語られている。悪と切り離された「まったくの善」というものは、しばしば一人よがりになる。この例を、われわれは現代において、アメリカやソ連などが——それに日本も——「善」の名によってどれほどの悪を他国に対して行なったかという点にすぐに認めることができる。

善と悪とに分かれたそれぞれの半分は、先ほどにも少し述べたパメーラという女性を愛することになる。そして、善半は善意からパメーラが悪半と結婚することを願い、悪半は悪意によって下心を隠しつつ、パメーラが善半のプロポーズを受けいれるようにと忠告する。ややこしい話であるが、結局、善半と悪半と決闘になり、両者がそれぞれ真っ向唐竹割《からたけわり》りに、各々まっぷたつにされた線にそって切りつけ、そのために、

両者の血管という血管は断ち切られ両者を分けていた傷口はひらかれた。そしていまや、あお向けに横たわって、かつてひとつのものであった、たがいの血がとび散り、草原のうえで混りあった。

その結果、両者はうまく結合され、もとの一人にもどるのである。

かくして、主人公メダルド子爵は、

善くも悪くもない、悪意と善意の入り混った、すなわちまっぷたつにされる以前の身体と見かけ

は同じだが、いまは完全なひとりの人間にもどった。しかも彼にはひとつになる以前の半分づ〔ママ〕つの経験があったから、いまでは充分に思慮ぶかくなっていた。

同じ「ひとつ」のからだでも、分裂の経験のあるものとないものとでは違っている。分裂の痛みを体験しない人は、見せかけの完全性の中に安住しているのだ。その見せかけの安住は、実はこの世とあの世、外的現実と超越などの無意識な完全な分裂の上に立っているものである。メダルドの経験した、深い縦の分裂は、そのような裂け目への深い下降を通じてのみ、われわれが超越に触れられることを暗示している。そのような痛みの体験が癒されるときに、愛と流血の戦いが必要であることも忘れてならないであろう。現代に生きる若者たちは、このような深い縦の分裂に悩んでいるので、カルヴィーノのこの作品が現代青年に愛好されることもよく了解できる。

## 三　影

先に取りあげた『ぼくと〈ジョージ〉』において、最後のところのさし絵を見ると、ベンとハワードが歩いているところなのだが、ベンとハワードの影の間に、ひとつ小さい影が描かれているのに気づかされる。これはもちろん、ジョージの影である。ベンは話の最後のところで、外見的にはまったく普通の少年になるわけだが、その影を見ると、やはり普通ではない――これはもちろん悪い意味でなく――ことがわかるということを示している。人間の影は思わぬ真実を露呈するものなのである。

影は誰が考えても「もう一人の私」を表現するのにふさわしい存在である。したがって文学作品の中でそのような意味でよく取り扱われている。分析心理学者ユングはそのような点から考えて、「影」を彼の心理学における用語として用い、「影」について次のように述べている。

影はその主体が自分自身について認めることを拒否しているが、それでも常に、直接または間接に自分の上に押しつけられてくるすべてのこと――たとえば、性格の劣等な傾向やその他の両立し難い傾向――を人格化したものである。(10)

ユングは夢の分析を重要視したが、多くの人の夢に、その人の「認めたくない半面」が人格化された形でしばしば現れる現象に注目し、それらに「影」という名称を与えたのである。ユングの影はこのように非常に広い概念であるが、次節においては、実際の影が児童文学で取り扱われている場合について考察する。もちろん、これはユングの影、ひいては、われわれの問題としている「もう一人の私」ということに密接に関連してくるのであるが。

## 1 影の喪失

影の喪失の問題はすでに他に論じたものであるが、[11]「もう一人の私」について述べる際に省略できぬことであるので、簡単に触れておく。影の喪失と言うよりは影の反逆とでも言うべきことを、アンデルセンは「影法師[12]」という作品の中に描いている。ある学者の影が向かいの家の壁にうつったとき、学者が冗談半分に、自分の影法師に対して、その家の部屋にはいってみてはなどと言うと、影法師は本当に向かいの家の中にはいってしまう。ここから影法師は一人歩きをはじめ、大変な金持ちになる。一方、学者のほうは真善美について学ぶが、誰も彼に耳を傾けてくれず落ちぶれてゆく。結局、影法師と学者は逆転して、学者のほうが自分の影法師の影にならされてしまう。そして、影法師は王女と結婚し、邪魔者扱いされた学者は、その結婚式の日に殺されてしまうのである。

これは、影を失うことの危険性を十分に知らしめる物語である。影を失った学者がいくら真善美について学んでも、他人の興味を惹きつけられないというところが印象的である。この場合は、「もう一人の私」としての影との接触をうっかり断ってしまったために、大変な悲劇が生じたものである。「もう一人の私」が肥大して、「私」そのものは死んでしまったのである。

「死」と言えば、『ふたりのひみつ』の場合も、死ということが生じている。しかし、この場合は、むしろ、インゲという少女にとって、「もう一人の私」であるエリカの死は限りなく悲しいことでありながら、彼女の成長のためのひとつの節目として受けとめられている。このあたりの差は、「もう一人の私」との関係のあり方の微妙さを示しているものであろう。われわれがいかに「もう一人の私」を大切にしていても、それは時にしばらく姿を隠し、また出現してくる。それは死と再生という形をとることもあろう。これに対して、「影法師」の場合のように不用意な一言が決定的な悲劇をもたらすこともある。超越との関係のもち方はまったく微妙なものである。常に相当な慎重さを必要とする。

シャミッソーの有名な『ペーター・シュレミールの不思議な物語』(13)の場合は、影を売りとばしてしまうのだから、この主人公の失敗は明らかである。もちろん、シュレミールにすれば欲しいだけの金が手にはいるのだから、たかが影くらい大したこともないと判断したのであろう。たしかに影は目に見えるものだし、それがないことはおかしくはあるだろうが、それによって何か利益を得ることなど少しもない。それに対して、お金の効用はあらためて言うまでもないことだ。

影があるからと言って別に何ともないのだが、それがないということは決定的なマイナスであった。シュレミールは大金持ちになり、ミーナという美しい恋人までできる。しかし、シュレミールの部下の悪党ラスカルは、ミーナにシュレミールに影がないことを告げて、その恋をあきらめさせるとともに、自分がミーナを横取りしようとする。つまり、影がないことのために、恋人を部下の悪党に取られるという実害が生じてきたのである。そこでシュレミールはなんとか影を取り戻したいと思う。そのとき、彼から影を買い取った「灰色の男」が現れ、彼の影を彼の魂と交換しようと言う。シュレミールがそれを断ると、「灰色の男」は大笑いをしながら、

ではおたずねいたしますが、あなたの魂とやらはいかなるシロモノですかな。ご自分の目でごらんになったことがおありですか？　あの世にいってから、そいつを元手に何かを始めるおつもりですかね。

と問いかけてくる。それに今、影を獲得すれば恋人を失うこともなく、悪党の鼻をあかすこともできるのだから、そのような「現実的なもの」を、わけのわからないX、つまり魂と交換できるなんて大したことではないか、とたたみかけてくる。このあたり「灰色の男」の手法はまったく巧妙である。お金に比べれば影などまったく非現実的であると思わせて、まず影を手に入れ、続いて、影に比べると、魂など目には見えないし、わけのわからぬものだからという論法で交換を迫ってくるのである。

こんなのを見ると、現代においては、この「灰色の男」の言う意味での「現実的なもの」のみを重視して、影を売ったり、魂を売ったりしている人が多いのではないかと思わされる。そして、それは「灰色の男」の論理に従う限り、何も問題はないどころか、それをしない人こそ、馬鹿げているとか、時代遅れとか言われるのではなかろうか。シャミッソーがこの作品を発表したのは

一八一三年であり、当時の人びとの間に大きい反響を呼び起こしたものである。現在ではこの物語を読む人はあまりない。ただ、子どものための読み物としては、現在でも生き残っているという事実は、まったく象徴的に思われる。この本を子どものためのものと思わず、曇りのない子どもの目をもって、大人が読み直してみることは、現在も大いに意義があるのではなかろうか。

## 2　影との戦い

ル＝グウィンの児童文学の名作、『ゲド戦記』三部作の第一作は邦訳に際して、『影との戦い』[14]という題名を付されている。たしかに、この本は影との戦いを描いているものであり、適切な命名である。これはアースシーというファンタジーの世界の住人ゲドが、誕生してから大魔法使いにまで成長してゆく過程を述べたものであるが、その成長の過程の第一段階として、「影との戦い」が描かれている。

ゲドは少年のころから他に優れた能力を示していたが、魔法使いを養成する学院にはいり、そこで修養を積む。そこでも優秀な成績を収めていたが、傲慢さのために同級生と争い、自分の能力を誇示しようとして、決してしてはならないこと、死霊を呼び出すことを試みる。そのとき「気味の悪い、黒い影の固まりのようなもの」が現れ、ゲドのからだに爪をたて、彼は瀕死の重傷を負う。ゲドは奇跡的に助かり、今度は謙虚な気持ちをもって、学院での修養を続け、魔法使いの資格を獲得するが、それ以後、彼が不用意にも呼び出してしまった「影」に常におびやかされることになる。

魔法使いはいろいろな術を使い、多くのものを魔法によってコントロールできる。しかし、それもそのものの「真の名」を知ってこそできることであると言う。このアイデアはなかなか面白い。われわれが、たとえば、椅子というものを見ても、その椅子というのはこの世にそれが姿をとっている仮像であり、椅子そのものの本質というのは、われわれに見えていない。それが見えたものこそが、その「真の名」を知ることができるし、それを自分のコントロールの下に収められる、とでもこのことは解釈されるだろう。

ところで、ゲドを襲った影には名前がないのだ。そんなことになったのも、ゲドが高慢と憎しみの心から、「自分の力を越える魔法をかけてしまった」ので、死霊と共に、名というもののない死の世界からそれはやって来たのだ。このようなことをゲドに説明した大賢人は、

　そなたはそのものを呼び出す力を持っていた。そのために、そのものも、また、そなたの上に力を及ぼすことが可能になったのだ。そなたとそのものとは、もはや、離れられはせぬ。それは、そなたの投げる、そなた自身の無知と傲慢の影なのだ。影に名まえがあったかかな?

と問いかけ、ゲドは答えに窮してしまう。

悪いことに、この不可解な影のほうは、ゲドの名前を知っており、それを利用してゲドを圧迫してくる。ゲドはつかまえどころのない相手の追跡を逃れようと努めるが、それは困難をきわめる。そのときに、ゲドの少年時代の指導者オジオンは、逃げるのではなく、それに対して「向きなおる」ことをすすめる。「そなたを追ってきたものを、今度はそなたが追跡するのじゃ。そなたを追ってきた狩人はそなたが狩らねばならん」と言うオジオンの言葉に従うことをゲドは決心する。

ゲドはここから立場をかえて、影を追うために船旅に出る。

それにしても、ゲドの今度の船旅は何とも妙なものだった。彼自身よく承知していたように、自分が狩る者でありながら、何を狩るのか、それがアースシーのどこにゆけば見つかるのか、皆目わかってはいなかったのだから。

というわけで、ゲドの旅は困難をきわめる。影との二、三の接触の機会があったが、その都度、つかまえそこね、彼は当《あて》のない旅を続けねばならない。

そのうち、ゲドは自分とそっくりの姿をした人間が自分が訪ねてゆく先々に立ち現れているということを知る。つまり、つかまえどころのなかった対象が、だんだんと人間の形をとり、対決しうる存在となってきたのだ。もっとも、それはゲドとそっくりの姿になってきたということは

あるにしても、このような相手の形相の変化について、ゲドは友人に対して、

影から逃げるのをやめて、逆に影を追い始めた時、相手に対するおれのそういう気構えの変化が当の相手に姿形を与えたんだと思う。……おれの行動はどれもこれも、必ず向こうに反応をおこさせるんだ。おれの分身みたいだよ。

と言っている。これらの記述はなかなか示唆的である。人間誰しも自分の「影」の脅威を受けていると言えようが、それから逃げてばかりいるのではなく、それに立ち向かおうと決意するとき、「影」は人格化され、対決しうる対象としての形態を取りはじめ、「もう一人の私」としての姿を明らかにしてくるというのだ。

ゲドは長い苦労の末、影と出会う。ゲドと影は無言のまま向かい合う。その後に生じたことをル＝グウィンは次のように描写している。

一瞬の後、太古の静寂を破って、ゲドが大声で、はっきりと影の名を語った。時を同じくして、影もまた、唇も舌もないというのに、まったく同じ名を語った。

『ゲド！』

しかも、そのふたつの声はひとつだった。

ゲドは杖をとりおとして、両手をさしのべ、自分に向かってのびてきた己の影を、その黒い分身をしかと抱きしめた。光と闇とは出会い、とけあって、ひとつになった。

「もう一人の私」との戦いに勝ち負けはない。どちらがどちらに勝つというのではなく、両者が一体となること、相手をも含めることによって全体性を獲得し、お互いに他を支配したり圧迫したりということが生じなくなるのだ。ル＝グウィンの名作は、人間の「影との戦い」について、深い示唆を与えてくれる。

## 四　超越の世界

これまで述べてきたように、児童文学における「もう一人の私」の物語は、なんらかの意味において、超越の世界とのかかわりを示すものであった。われわれが見聞し、知っている「この世界」、それを超えた世界の存在を想定してみることと、私がよく知っており、意識化しうる存在としての「私」と異なる「もう一人の私」が存在すると考えてみることとは、相当に重なり合う事柄である。もちろん、すでに示してきたように、「もう一人の私」も、多分に「この世界」のこととして受けとめられるものもある。しかし、『まっぷたつの子爵』の場合に論じたように、相当に超越とのかかわりを感じさせるものも存在している。

「この世界」における自分と、超越の世界における自分とを語る、他の方法として、「夢の中の私」について述べる方法と、タイムトンネル式のファンタジーの手法によって、この世の時間と異なる時における「私」について述べる方法がある。後者のような作品の中の傑作としては、アリスン・アトリーの『時の旅人』があるが、これについては後に論じるので、ここでは「夢の中の私」を取り扱った作品について考察することにする。

## 1 夢の中の「私」

人間は誰しも夢を見るが、夢の中では現実と相当異なることが起こる。その相違があまりにも大きいので、夢などは問題にしない人が多い。しかし、筆者は夢をきわめて大切なものであると考えている。また実際に、夢分析ということを仕事としているために、多くの夢に接し、その夢の意味について考えることを行なってきている。その経験を通して言えることは、夢というものは、本論におけるわれわれの関心と結びつけて言うならば、人間が超越の世界との接触によって体験することとさえ言えるであろう。ただ、それは通常の意識にとっては不可解なことが多く、なかなかその意味を把握し難いものである。したがって、夢の中の「私」はもちろん通常の「私」とは異なるが、さりとて、超越の状態にあると言えないのも当然であり、この世界と超越の世界の中間にあって、どちらともつかぬ状態にあるものと言わねばならない。

児童文学の中には、多くの夢が作品の中で語られ、たとえばすでにあげたケストナーの『ふたりのロッテ』でも、興味深い夢が語られる。しかし、夢の中の「私」ということが一貫した流れの中で語られてゆくものとしては、何と言ってもキャサリン・ストー作の『マリアンヌの夢』[15]をあげるべきであろう。この作品の主人公マリアンヌは十歳の誕生日を迎えたばかりの少女である。彼女は誕生日の日より病気になり、安静を続けねばならず、その間に一連の興味深い夢を見る。その夢がこの作品の重要な部分を占めるのである。

マリアンヌは退屈しのぎに、裁縫箱から出てきた鉛筆で、一枚の絵を描く。草原の中の一軒家で、窓が四つ、玄関が一つ、煙突からは煙の出ている、ありきたりの家である。ところが、夢の中でマリアンヌはその家を訪ねることになる。そして、マリアンヌが例の鉛筆でその絵の中に描き足してゆくことが、そのまま夢にも現れてくることに気づくのである。そこで、彼女は絵の家の中に一人の少年を描き、夢の中で家の中にはいっていって少年に出会うことになる。ここで先に論じた吉村敬子の『ゆめのおはなしきいてェなあ』に出てきた「少年」のことを想起していただきたい。この「少年」は少女たちの内面で、このように常に活躍しているのだ。

一方、現実の世界では、マリアンヌが病気中に学業がおくれぬように、家庭教師の先生が来てくれることになる。この先生はマリアンヌだけでなく、他の病欠中の生徒たちを訪問して教えているのだが、それらの生徒たちのなかで、マークという少年のことにマリアンヌはなんとなく心を惹かれる。マークはからだの一部が麻痺しており、だんだん回復しつつあるが、歩行訓練をするのが嫌で、完全に治りきるのかどうか心配されているとのことである。マリアンヌは「マークは運動をしなくちゃいけないのに、やりたがらない。あたしは寝ていなくちゃいけないのに、起きたがっているんだわ」と、二人が反対の立場にあることに興味をもつ。

ところで、夢の中でマリアンヌが会う少年もマークと言い、彼も足が麻痺していて歩行訓練を必要とするのであった。マリアンヌが夢の中で体験するマークとの事柄は、外的世界に存在する少年マークの病状と不思議な一致を見せた。話の筋は省略するが、マリアンヌが夢の中で、少年マークを助け、この不気味な一軒家からうまく脱け出して、海岸の燈台へとたどりつく冒険をやり抜くのと、マークの回復、そして、マリアンヌの回復とはうまく重なりあって進行するのである。

この物語ほどうまくはゆかないにしても、夢の中の世界と、外界とが思いがけない一致や対応を示すときがある。われわれはそれについて合理的説明を与えることができない。超越的なはたらきとして、そのようなことが起こるという事実を認められるだけである。合理的説明が与えられないからと言って、その現象そのものまで否定することは馬鹿げている。われわれは在ることは在ることとして受けいれることが必要である。

ところで、現実のマリアンヌと夢の中のマリアンヌはどのような関係にあるのだろう。夢の中のマリアンヌは、すでに述べたように、マリアンヌが超越の世界に触れるところにいる。人間はある年齢のときに、特に超越との触れ合い、超越による支えを必要とするように思われる。確言することはできないが、十歳という年齢は、どうもそのような時期のひとつであるように思われる。十歳くらいの子どもが、不安や神経症症状のようなものを示して、われわれ臨床家のところに送られてくる。そのようなとき、われわれとの治療の経過の中で、その子どもが超越に触れる体験をし、それによってより確実な自我の基盤を得、したがって不安も解消されてゆくのに気づかされるのである。それは狭い意味の「治療」というのではなく、少年の心の成長が見事になされてゆく、と言うべきである。『マリアンヌの夢』は、それを象徴的な技法で巧みに描いているものと言うことができる。

## 2　過程としての「私」

児童文学において、「もう一人の私」に関連するいろいろな作品について論じてきた。「もう一人の私」というテーマの存在は、「私」ということ自体について深く考えさせられる。われわれは自分のことは自分がよく知っていると思っている。しかし、自分がよく知っている「私」というものが、本当に私という存在そのものであろうか、という疑問をこれらの作品は投げかけてくるのである。このことは、「私がよく知っている私」という場合、それをよく知っているというとき、それは私というものを固定的に捉えているという欠点に根ざしているようである。つまり、

「私」という存在は固定しているのではなく、常に変化し、また変化の可能性を含んでいる。常に変化しつつ、しかも同一であるというパラドックスを、「私」というものは内包しており、前者の可能性という点から言えば、私自身さえそれを知らないと言うべきかも知れない。

「私」という存在を、大人はある程度、不変のものとして捉えたがる。それは信頼性と結びつくものとさえ考えられる。しかし、それは一方では停滞とか、硬化とかに通じるとも考えられる。その点、子どもたちは成長の途上にあるので、自分たちの変化について敏感であり、その期待も強い。その柔軟なあり方は、「もう一人の私」の存在を容易に肯定する姿勢につながるものである。

しかしながら、子どもたちは一方では不安である。どんどん変化してゆく自分は、いったいどのような不変のものに支えられているのか、と不安になってくるのである。もちろん、幼い間、彼らは自分の親を不変の基盤として支えとするだろう。なかには、早くからそのような基盤を欠いている子たちもいる。この子たちは、不安と戦いつつ、他の子たちに比して早く超越との接触をもつことになる。つまり、子どもたちは、不変の基盤として超越の問題に触れるからである。最初にも述べたように、繊細な子どもや鋭敏な子どもは、相当に早くから両親の死のことを考える。つまり、両親が不変の支えでないことに気づきはじめるのである。そのようなとき、「私」と超越との触れ合いが大切となる。

超越とのかかわりは実のところ、大人のほうが深刻であると言えるかも知れない。子どもたちは時に不安になるにしろ、ともかく、彼らの変化の過程は進歩や発達と結びついている。したがって、子どもたちは「上を向いて」進んでゆける。これに対して、大人の変化の過程は、だんだんと「下を向いて」いることに誰しも気づくのではなかろうか。その過程の一応の終点が死であることは誰も知っている。その際、その死に至る過程を、下向きとしてではなく、上向きに受けとめるためには、やはり超越の存在が必要となるのではなかろうか。したがって、大人も児童の目を通して見た「もう一人の私」の物語から多くのものを得ることができるはずである。

自己実現の過程を歩みつつある「私」は、さまざまの形の「もう一人の私」の姿と「私」とを比べ、お互いに他を照射し合うことによって、その歩みをより豊かに、より意味あるものにすることができると思われる。

（1）森崎和江「生活童話」『飛ぶ教室6号』光村図書出版、一九八三、所収

（2）E・L・カニグズバーグ、松永ふみ子訳『ぼくと〈ジョージ〉』岩波書店、一九七八
以下の『ぼくと〈ジョージ〉』の引用は、本訳書による。

（3）J・ロビンソン、松野正子訳『思い出のマーニー（上・下）』岩波書店、一九八〇

（4）二重人格の問題に関しては左記を参照されたい。
河合隼雄『コンプレックス』岩波書店、一九七一、所収の「二重人格」（三八―四七頁）

（5）ヨーロッパ、アメリカにおいて、ＬＳＤは最初、精神分裂病［統合失調症］の治療のために用い

られたが、この薬物によって「超越体験」に達することができることを積極的に用いようとする学者も現れてきた（たとえば、スタニスラフ・グロフなどが有名である）。しかし、その後は危険性の高さのため、ＬＳＤ使用は法律で禁止されるようになった。

（6）Ｅ・ケストナー、高橋健二訳『ふたりのロッテ』岩波書店、一九六二

（7）Ｉ・ボーゲル、掛川恭子訳『ふたりのひみつ』あかね書房、一九七七

（8）河合隼雄『昔話の深層』福音館書店、一九七七、にこの「二人兄弟」について、「影の自覚」の問題として論じている。

（9）Ｉ・カルヴィーノ、河島英昭訳『まっぷたつの子爵』晶文社、一九七一

（10）C.G. Jung, *The Archetypes and the Collective Unconscious*, Pantheon Books, 1959.

（11）河合隼雄『影の現象学』講談社学術文庫、一九八七。この書物において、影、もう一人の私などのテーマにつき、成人のための文学などを引用して論じている。

（12）Ｈ・Ｃ・アンデルセン、大畑末吉訳「影法師」『アンデルセン童話集　三』岩波書店、一九六九

（13）A.v. Chamisso, *Peter Schlemihls Wundersame Geschichte*, Reclam, 1967.
本書はもともと成人のための小説である。ところで、これは、シャミッソー原作「影をなくした男」として、小学館『少年少女世界の名作文学28　ドイツ編2』に抄訳が収録されている。少年少女の読むのに適切な本であると判断されたのである。これはシャミッソー原作とわざわざ断ってあるので、話の筋が原作と異なっているところがあるのもあまり責められないが、私としてはどうして筋の変更が行なわれたのか理解し難いところがある。

引用は、Ａ・シャミッソー、池内紀訳『影をなくした男』岩波書店、一九八五、を使用した。

（14）Ａ・Ｋ・ル＝グウィン、清水真砂子訳『影との戦い――ゲド戦記Ｉ』岩波書店、一九七六

（15）Ｃ・ストー、猪熊葉子訳『マリアンヌの夢』冨山房、一九七七

# II

# アイデンティティの多層性
## カニグズバーグの作品から

### はじめに

アイデンティティという外来語も、最近ではわが国に定着して、あちこちに見られるようになった。アメリカの精神分析家エリクソンの提唱した概念で、簡単に言ってしまえば、私という存在が「他ならぬ私である」ことを、その独自性・一貫性・主体性などの感じと共にしっかりと自ら確信できること、と言っていいだろう。エリクソンは特に青年期におけるアイデンティティの形成に注目し、その時期にアイデンティティが拡散してしまう危険性について論じた。

エリクソンの考えは、青年期の問題を考えるのに好都合であったため、アイデンティティに関する一般の理解を皮相化せしめ、極端に言えば、人間が職業を選択し家庭をもてば、「アイデンティティの確立」ができたような錯覚を起こさしめるような傾向が生じた。しかし、少し考えてみると、そのようなアイデンティティも有効ではあるが、それほど強力なものでないことがすぐわかる。人間は職業も家庭も失うときがあるし、それを自分という存在の「足かせ」として感じるときもあるかも知れない。それに、老人の場合はどう考えればいいのか。職業とも家庭とも無縁の老人はたくさんいる。そのような人たちこそアイデンティティをもつべきではないか。それでは、アイデンティティをどう考えればいいのだろう。自分は「課長だ」とか、「父親だ」とか言って満足しておられないのである。

エリクソン自身もアイデンティティをこんなに単純に考えていたわけではない。アイデンティティは、人生のどこかの時点で「確立」されるものとしてではなく、人生の全般を通じて「探索」を続けねばならぬもの、として見るほうが実状にあっていると思われる。もちろん、人生の節目においてそれ相応のアイデンティティの確かめのようなことは必要だが、それによって「確立された」と言い切るのもどうかと思うのである。このように考えると、アイデンティティはその「確かめ」をどのような現実と、どのような関連によってなしているかによって、その次元が少しずつ異なるとも言えるのである。それは、現実の多層性や、心のあり方を層的に把握する、という考えと呼応して、多層的なあり方を示すと思われる。

本稿において取りあげるのは、アメリカの著名な児童文学者、E・L・カーグズバーグの作品である。彼女は一九七三年に発表した処女作がアメリカ児童文学最高峰のニューベリー賞を獲得して以来、今日まで一作、一作と注目すべき作品を発表し続けている。ここにそれを取りあげるのは、それらの多くが、十一、二歳の子どものアイデンティティに深くかかわり、その多層性ということをよく示すものと思われるからである。アイデンティティを論じるのに、わざわざ児童文学を取りあげることもあるまい、という人もあろう。しかし、これはすでに述べたように、アメリカでは一般に、アイデンティティがなんとなく青年期の自我確立と同様に考えられ、単層的な様相を示していたのに対して、十一、二歳の子どもを取りあげること、そして、作者が「子どもの目」という、透徹した目で見ることによって、その単層性を突き破って、多層なリアリティを現前せしめる、という利点をもっているのである。

本稿に取りあげる作品にも述べられているが、ヘブライの律法によると人間は十二歳で一人前になる。明恵上人は「今は早十三に成りぬ。すでに年老いたり」と言い残して自殺しようとした。すでに他に論じたので省略するが、筆者は、人は十二歳のころにひとつの完成に達するのではないかと考えている。[1] このあたりの子どもを「深く」知ることは、人生全般を知るのと等しい。大人の常識とかに惑わされぬので、現実の多層性がより鮮明に見られるのである。したがって、十一、二歳の子どもを主人公とするカニグズバーグの作品において、人間の生涯全般にわたって考えられるような、アイデンティティの多層性の問題が、くっきりと浮かびあがってくるのである。次に本稿で取りあげるカニグズバーグの作品を示す。［ ］内の年号は原著出版時のものである。[2]（以後引用はこれらの訳書による。）

- 『クローディアの秘密』（松永ふみ子訳、岩波書店、一九七五年［一九六七］）（以後、『クローディア』と略記）
- 『魔女ジェニファとわたし』（松永ふみ子訳、岩波書店、一九七〇年［一九六七］）（以後、『魔女』と略記）

・『ロールパン・チームの作戦』（松永ふみ子訳、岩波書店、一九七四年［一九六九］）（以後、『ロールパン』と略記）
・『ぼくと〈ジョージ〉』（松永ふみ子訳、岩波書店、一九七八年［一九七〇］）（以後、『ジョージ』と略記）
・『８００番への旅』（岡本浜江訳、佑学社、一九八七年［一九八二］）（以後、『８００番』と略記）
・『エリコの丘から』（岡本浜江訳、佑学社、一九八八年［一九八六］）（以後、『エリコ』と略記）

これらの作品は年代につれて、そこに示されるアイデンティティが深化してゆくのが感じられる。これは作者のカニグズバーグの成長を反映するとともに、アメリカ人のものの考え方が全体として変化してきたこととも関連していると思われる。

## 秘密

秘密とアイデンティティとの関連は深い。私が私しか知らぬ秘密をもつとしたら、それは端的に私の独自性の証となるものである。カニグズバーグの最初の作品においては、秘密ということがきわめて大切なこととなる。

『クローディアア』の主人公の十一歳の少女クローディアは家出をする。彼女がいったいなぜ家出をしたのか、これについて作者は、「毎週毎週が同じだということからおこる原因です。クローディアは、ただオール5のクローディア・キンケイドでいることがいやになったのです」と言っている。たとえ「オール5」をとっていても、それは真の意味での独自性の証明にはならない。オール5の少女などたくさんいるのだ。クローディアが自己の独自性を確信するためには、誰も知らない秘密を必要とするのである。

オール5というような「よい子」の勲章を得ようといくら努力しても、それは本来のアイデンティティを得られぬどころか、むしろ遠ざかることになってしまう。アメリカ人のよき努力が、結局は同調性を高める方向に向かうだけで、本来の自分の姿を見失うことになることを、カニグズバーグは手をかえ品をかえて警告している。最新作の『エリコ』ではそれは「クローン人間」という表現によってなされる。この主人公も十一歳の少女で、ジーンマリーと言う。彼女は母親と二人でトレーラー(車で引っぱる移動住宅)に住んでいる。彼女は転校してくるのだが、トレーラーに住む転校生に対して級友は冷たい。その級友たちを嘆いて、ジーンマリーは言う。「クローン人間。そう。だれもかれもが、トレーラーではないふつうの家に住んで、両親がそろっていて、母親はPTAのバザーのためにケーキを焼き、電話で何時間もしゃべりあい、世界が始まったときいらいの友だちどおし。クローン人間はけっしてひとりぼっちにならないのだ」。

個人主義が発達しているアメリカにおいて、クローン人間が大量発生していることは注目に値する。これをわが国におけるクローン人間のあり方と比較することも大切であろうが、今はその点には触れない。クローン人間であることを欲しないジーンマリーは、彼女固有の秘密をもたねばならないのだ。

クローディアは家出中にふとかかわり合うことになった、ミケランジェロの彫刻に関する秘密を知るために全力をつくす。『魔女』の場合は、小学五年生の少女「わたし」は、友人となった「魔女ジェニファ」のことを、母親に知らせずに秘密を守ることに苦心をする。しかし、母親は「わたし」の行為になんとなく不安を感じ、いろいろと知りたがって質問する。秘密をもつことは難しいし危険でもある。子どもが秘密をもつことを極端に嫌う親もある。

秘密をめぐる親子のあり方について、『ロールパン』には興味深いエピソードが語られる。十一歳の少年の「ぼく」は、密かに手に入れた雑誌『プレイガール』をベッドのマットレスとスプリングの間に隠しておく。母親はそれを知りつつ黙認している。そのことがわかって彼女の姉が非難したとき、母親は次のように答える。「どんな子でも何か母親にかくすものが必要なのよ。わたしはあの子をちゃんと育てたつもりよ。あの子はL・S・Dをかくしたわけでもなし、こっそり煙草をすってトイレに流しちゃったわけでもないわ。あの子がベッドのマットレスとスプリングの間にじぶんだけのコーナーを持ちたいなら、それでもいいと思うわ」と言い、家の中に自分だけのコーナーがもてないとわかったとき、それを他のところに求めることのほうが心配だと主張する。

この母親の態度は、「ぼく」の同級生のバリーの母親のそれと対比されている。バリーの母は「教育者」で親子の間はすべてをオープンにすべきだと考えている。そこでバリーが『プレイガール』が見たいと言えば、購読してくれ、母の前で堂々と裸の女の子の写真を見させてくれる、というあんばいである。このような模範的母子が、どんなにいやらしくなってくるかをカニグズバーグは巧みに描いて、われわれを楽しませてくれる。

しかし、秘密もその内容によっては、それをもつことによる困難が増大する。『ロールパン』の愉快な母親も、『プレイガール』はいいがL・S・Dは困るとはっきり言っている。秘密は独自性を保証する役割をもつが、それが危険性を増してくると、それをもつことによって他と切断されることになり、孤独へとその人を追いやってくる。もともと、アイデンティティの探索は厳しい孤独感を強いるものではあるが、それに当人が耐えられるかどうか、という点で困難さが増大してくる。もし、当人がそれに耐えられないときは、その秘密はむしろ破壊的になってくる。

『ジョージ』の主人公ベンは六年生の男の子。彼の秘密は、自分のからだの中に「ジョージ」という少年が住んでいて、二人で対話をすることができる、ということである。『ジョージ』については すでに論じたが、本論に関係するところは重ねて取りあげることにした。この秘密は彼の母親も知らなかった。ベンは一度、ジョージがいることや、ジョージの言ったことなどを話したが、母親はそれを「空想上の遊び相手」程度に考え、そのうちベンも忘れてしまうだろう、くらいに受けとめていた。しかし、それは「空想」などというものではなかった。ベンにとってジョージはちゃんと存在していたのだ。そして、ジョージはベンの親友として、いつも彼を助けてくれた。

ベンが父親の家を訪問し、泊まった夜、ベンとジョージは口論を始め、それをマリリンが聞いてしまった。マリリンは常識が発達している上に、大学時代に「心理学」などということまで学んでいたので始末が悪かった。マリリンはベンを「精神分裂病〔統合失調症〕」と断定し、治療を受けるようにすすめる。『ジョージ』については後でもう一度触れるが、ここでは秘密のもつ危険性ということを、この話が端的に示していることを指摘しておきたい。

マリリンがよい例だし、先にあげた『ロールパン』のバリーの母親もそうだが、このような模範的な人たちが、どれほど子どものアイデンティティ形成を妨害してかかるものかを、カニグズバーグは、時にユーモラスに、時に皮肉に、そして時に怒りをこめて語っている。出来合いの「模範」は、人間の独自性を奪う最大の武器である。アメリカという国は、「模範」の好きな人が多い。この傾向が強まるにつれて、それに対抗してアイデンティティをもつには、どうしても秘密は深化せざるをえない。一九六七、九年の作品における秘密が、一九七〇年の『ジョージ』になって、飛躍的に次元を変えていることに注目すべきである。後の二作はますますその傾向を強めてゆくが、それは後に触れることにしよう。

## 他者の存在

アイデンティティに必要な秘密をもつことは、独立への危険性をもつことをすでに指摘した。

ここにアイデンティティの難しさがある。それはあくまで独自でありつつ、他とつながってゆくものでなくてはならない。この問題の一番わかりやすい解決は、大切な秘密を分けもってくれる他者を見出すことではなかろうか。実際、われわれは大切な秘密ほど、誰にも言いたくない気持ちと、誰かに言いたい気持ちとの両方を味わうものである。このとき秘密を分けもってくれる人は、その秘密の意義がわかり、その秘密を保持してくれる人でないと駄目である。

秘密を分けもつ人の典型が、『クローディア』に出てくるフランクワイラー夫人であろう。クローディアは家出してメトロポリタン美術館に住むという奇想天外のことをやってのけ、そこで見た彫刻がミケランジェロのものではないかと考え、その秘密を明らかにするため、彫刻の寄贈者である大富豪のフランクワイラー夫人を訪問する。突然の見知らぬ子どもの訪問に驚いた夫人は、クローディアと話し合っているうちに、この子が好きになり、その家出の意味、秘密を知りたがる意味について――クローディアより深く――知ることになる。

十二歳ごろに人間はある種の完成に達するのではないかと述べた。十二歳の子どもは成人と同じくすべてのものをそなえている、とも言える。彼らのアイデンティティ探索は、人生全般についてのそれをすでに含んでいる。しかし、彼らはそのような行為をするにしても、その意味を言語化することはできないことが多い。この年齢の子どもたちが時に行なう――明恵の場合のような――自殺企図などがそれであろう。彼らにとって意味は不明ながら、そこに強烈な死のコンステレーションが存在していることを感じとり、行動化しようとしているのだ。それも実は深いアイデンティティ探索行動の一端なのだ。『エリコ』に語られるように、アイデンティティが深化すると、死にかかわってくる。

このようなとき、子どもにとっての秘密の意味をよく知り、それを共有する、フランクワイラー夫人のような大人が存在するとき、子どもは幸福である。これは共有と言うより抱きとめてくれる人、とでも言うべきであろう。『ロールパン』の主人公の母は、共有と抱きとめと、両方をやりながら、フランクワイラー夫人よりも、もっと日常性を濃くもったイメージを提供している。

子どものアイデンティティ形成に、いつも重要な大人が必要とは限らない。『魔女』の場合における、「わたし」に対する「魔女ジェニファ」がその好例である。「わたし」とジェニファは同級生である。ジェニファは初対面のときに自分は魔女だと言い、その後の彼女の行為を見ると、まさにそのとおりと感じさせるのだった。アイデンティティの深化の際に、重要な他者として現れてくる人物は、非日常性を帯びたものとして体験される。大人の場合、恋愛の体験を考えてみるとわかるであろう。相手が「この世ならぬ美」をそなえていると感じたり、「天にも昇る気持ち」で会いに行ったり、時には地獄の苦しみを味わったりする。「わたし」にとってジェニファは「魔女」だったし、その秘密は母親を含む日常の世界に対して守らねばならぬことであった。

『魔女』では、母親は「わたし」の同級生のシンシアを模範として与えたがっている、日常世界の代弁者として現れてくる。『ロールパン』の母親が、野球の監督になり、「女性が野球監督になるのは、自然現象のひとつだ」などと宣言したりするのとは大違いである。模範というのはアイデンティティの敵になることが多い。模範という鋳型に押しこむときに、アイデンティティが壊れるのである。シンシアという名前まで模範的な子に対して、魔女ジェニファは「わたし」のアイデンティティを守るのに役立つのである。

「わたし」がジェニファに導かれて行なった魔女見習としての儀式は、子どもの「遊び」であり、遊びのもつ本来的意義を果たしているという点において、それはまさに生きた儀式であった。それは既製の儀式が形骸化してしまってオアソビに堕しているのと好一対である。アイデンティティの深化が行なわれるとき、それは未知の畏敬すべき存在とかかわるという意味において、宗教的な色彩を帯びてくる。アイデンティティとのかかわりにおいて子どもたちの行なう、遊び、家出、旅、などは、本来的意味における「儀式」「出家」「巡礼」などと読みかえることができる。『８００番』において、主人公の少年が父親とした旅は、重要な他者と共に行った巡礼であると考えられる。この父親の意義や、旅については後で述べる。

『魔女』について一言つけ加えておくと、「わたし」にとってジェニファが必要だったように、ジェニファにとって「わたし」が必要だったということである。お互いが重要な他者の役割をしたのである。「わたし」にとってアイデンティティを深化させるためには、非日常性の強いジェニファを必要としたし、すでに深みに降りているものの、この世との接触を回復することによってアイデンティティを堅固にしなくてはならぬジェニファについては、彼女の世界にはいりこみつつ、日常を失ってしまわない「わたし」を必要としたのである。

ジェニファのような感受性の強い子は、「わたし」のような他者を得られないとき、この世との接触を失ってゆくにつれ、「落ちこぼれ」という烙印を押されてしまうことがある。この際も、せっかく深化していったアイデンティティが破壊されることが多い。

## もう一人の私

重要な他者がフランクワイラー夫人のような、「容器」のような役割や、導者[3]のような役割でもなく、先に述べた「魔女ジェニファ」と「わたし」のような相互性を帯びてくるとき、それは「もう一人の私」と言えそうな感じがしてくる。そして、その他者が「自分のからだの中にいる」などということになると、ますます「もう一人の私」と呼んでいいように思う。それが『ジョージ』の中に描かれている。

人間は一般に誰しも自分という存在の単一性を確信している。つまり、自分と同じ人間は過去にも現代にも未来にも一人しか存在しないと確信している。もちろん、文字どおりの再生や輪廻を信じている人は、この限りではないが、そんな人でも現在における自分の単一性は確信していることだろう。しかし、「私は私である」と言う場合、一番単純には、自分の意識的に把握しうる「私」を指しているのだが、自分も知らない「私」という側面が存在するのは、誰しも漠然とは感じとれることだろう。自分にとっての自分の未知な部分が、ある程度の他者性をもって意識されるとき、それは「もう一人の自分」という表現がぴったりのときがある。それは「私」でありながら、意識的な「私」と異なる自律性をもって存在している。

『ジョージ』についてはすでに論じた。本論にかかわる点について、少し重複するが次に述べる。模範はアイデンティティの敵だ、とすでに述べた。ベンが模範生になったとき、彼のアイデンティティに深くかかわる部分は、壊されはしなかったが、ジョージという存在として分離されたのである。ベンにとってジョージといかに深くかかわるか、分離された二人がどのようにして再び一体化されるかが、彼のアイデンティティ探索の課題なのである。

ベンはしかしこの課題とは逆に、ジョージの存在を忘れて、優等生のウィリアムに接近しようとする。「人と差をつけるという点に関して、ウィリアム・ハズリットは生まれつき有利だった」。彼は一人息子であり、両方の家系の唯一の孫として、常にかけがえのない存在であった。彼は入学以後も人と差をつけることに専念した。みんながスポーツシャツや遊び着のとき、彼はスーツにチョッキにネクタイといういでたちだったりした。空手をいち早く習いだしたが、下級生が二人入門してくると、すぐに切りかえて、フランス料理を習いだした。

ここで、ウィリアムは誤ったアイデンティティ形成のモデルとして提出されている。彼はたしかに大変な努力をしている。彼は何とか他と差をつけようとする。そのようにして、自分の独自性を誇示しようとするが、最初の出発点である基盤が「他に」置かれている。いかにして「他」

と同じようになるか、というのも、「他と差をつけるか」というのも、規準を他に置いているところで同じであり、ここからは真のアイデンティティは生じてこない。

ウィリアムは最後には、化学の実験室で密かにＬＳＤをつくっていたことがバレて破局を迎えることになる。彼は密造したＬＳＤを大学生に売りつけていたのだが、金持ちの彼にお金がいるはずがない。なぜ、あんなことをしたのだろうとベンが不思議がると、ジョージは次のように的確に答えている。

ＬＳＤを売るってより、ＬＳＤを使って自分たちを売りこみたいのさ——大学生の連中に、かれらには自分だけの特徴ってものが何ひとつないんだ、ベン。だから自分らの仲間連中と違って見えることに懸命なんだ。そんなことしたって、結局べつな仲間の一人になっちゃうことに気がつかない。仲間はかわっても、自分はもとの自分なのに。

仲間と違って見えることによってアイデンティティを形成しようとする誤った態度は、「よい子」だけに見られることではない。いわゆる不良のグループの子どもたちは、「よい子」や模範のうさんくささを攻撃しつつ、彼らのグループ内においては、「悪」という一種の模範が生じてきていることに気がつかない。そして、その中で「他と差をつける」ことに努力しようとすると、仲間よりも悪いことをしなくてはならず、非行少年たちが後になってから自分も驚くほどの残酷なことなどをやってしまうような事実の背後には、このような心の動きが存在している、と思われる。それぞれがアイデンティティを求めて努力している。しかし、その方向が間違ってしまっているのだ。

他を規範とするのではなく、「自分だけの特徴」とジョージが言うようなものを、自ら見出してゆく努力をすることが、アイデンティティの探索である。ベンにとっては、「自分だけの特徴」であるジョージという存在を大切にしてゆくべきなのだが、どうしても他人に目立つウィリアムに惹かれ、ジョージのことを忘れそうになったのも無理からぬところがある。しかし、このような危機も、ジョージの必死の叫びによって乗り越えられる。「ぼくのからだベンジャミン君、ぼくはおまえさんを人間にしたい。ぼくが誇りをもって中に住んでいられるような人間に」とジョージはベンに向かって叫ぶ。われわれは、内なる「もう一人の私」の存在を忘れてしまうと、単なる「からだ」になってしまうのかも知れない。それは医学的には生きているわけではあるが。

「もう一人の私」は、ベンのように劇的ではなくとも、もっとマイルドな形で体験される。『ロールパン』の場合、母親と兄を、自分の所属するチームの監督とコーチにもった「ぼく」は、いつも二重の生活をしなくてはならなくなる。息子としての自分と、チームの一員としての自分と。このため「ぼく」は自分をも家族をも今までとは異なる視点から見ることができるようになる。このことによって、それまでは優等生のバリーの母親が自分の母だったらよかったなどと思っていたのに、自分の母の本来的な良さを発見したりするのである。『魔女』の場合のジェニファは、

「わたし」にとって、「もう一人の私」とも言えるわけで、このような見方をすると、われわれの日常生活も「もう一人の私」の主題に満ちているとも言えるのである。

## 一流とほんもの

『ジョージ』において、ウィリアムが他と差をつけることに一生懸命になって、結局はアイデンティティを失ってゆくことを前節に述べた。他と差をつけて一流になることを願っている少年が、本当のアイデンティティについて知る旅——それは巡礼と言ってもいいだろう——に出る話を、『800番』は見事に語っている。

『800番』の主人公、レインボウ・マキシミリアン・スタブスは、中学一年に入学したばかりの少年である。彼は一流の私立中学フォトナム中学に入学できて、母親にねだってブレザーなど買ってもらい嬉しくて仕方がない。しかも、それまで離婚して母子暮らしを続け、貧しい生活をしていたのに、母親がすごいお金持ちのマラテスタ一世さんと再婚することになったので、にわかに一流ずくめの生活が可能となってきたのである。

マクシミリアンは大喜びである。しかし、お母さんがマラテスタ一世さんとの新婚旅行の間、彼は父親のところに泊まりに行かされることになった。お父さんのウッドロウはラクダを飼っており、ラクダに人を乗せてお金を貰う職業である。お父さん、お母さん、マクシミリアンは一緒に住んでいたが、母親は、「きちんとした生活」をしたくなり、子どもを連れて離婚したのだった。マクシミリアンは父親のところに行くが、そこで彼の経験したことは、何から何まで一流とは縁遠いことだった。お父さんはキャンピングカーに住み、ラクダに人を乗せてお金を取れる催物のある地点へと移動する生活だ。食堂もカフェテリアで安物を食べる。マクシミリアンはだんだんと不愉快になる。

一流どころか最低かも知れぬ旅を続け、自分のことをほとんど気にかけてくれぬ父親に腹を立てていたが、マクシミリアンはその中で、父親の良さをだんだんと見出してゆく。父親の良さを一言で言うと、「……のふりをしない人」だった。偉そうなふり、何かを知っているようなふり、親切そうなふり、そんなことを彼は全然しなかった。ウッドロウは「だれにたいしても、見せかけの自分になったふりなんかしない」のである。彼は一流ではなかった。しかし、ほんものだった。

「ふり」というのは衣装と関連が深い。『800番』には、衣服の意味がうまく語られている。まず、主人公のマクシミリアンは、一流中学フォトナムのブレザーにすごくこだわっている。このブレザーは彼のアイデンティティを守る鎧《よろい》のようなものである。しかし、その鎧によって、彼は本当に人と人とが肌で接するという機会を奪われてしまっているのではなかろうか。ほんものとほんものの接触が避けられてしまう。

もちろん、人間は衣服を必要とするし、名門校のブレザーが大切なときもある。しかし、それだけに頼ってアイデンティティをつくりあげようとすると、どこかで、ほんものからはずれてしまうことになるのだ。

マクシミリアン親子は旅先で、なかなか魅力的な、母と娘に出会う。母親の職業は「800番さん」、つまり、全米共通に800番の電話番号にかけると商品についてのインフォメーションが得られることになっていて、その電話のインフォメーション係なのである。娘のサブリナに言わせると、「これほどだれだかわからない仕事って世界じゅうにないと思うわ。だれだか知らない人がかけてくるのよね。そしてこっちは永久に知られることはない。……顔は絶対出ない。個性も出ない。過去も語らない。この先のことも出さない」という仕事だ。たしかにこれほどアイデンティティと無縁の職業があるだろうか。文明社会が便利さと効率の良さを追求してゆくなかで、こんな職業が生み出されるのだ。この職業と、ラクダに一人一人を乗せてはお金を頂く、ウッドロウの職業とを比較してみると、後者のほうが人と人との生の触れ合いを大切にしていることがよくわかるであろう。

サブリナ母娘は、全米の有名な協会の全国大会に、うまく協会員のようになりすましてまぎれこみ、一流ホテルの宿泊とおいしい食事にありつく、という楽しみを夏休みに三回ぐらいするのだという。その旅行中にマクシミリアンと知り合ったのだ。このエピソードも実に示唆的である。サブリナ親子は自分たちのアイデンティティを偽ることによって、一流グループに仲間入りしている。しかし、彼らを非難する前に、われわれは一流の仲間にはいるため、自分のアイデンティティを放棄したり、歪めたりしていないかを反省すべきではないだろうか。あるいは、一流のふりをしているうちに、ほんものの自分はどこかへ行ってしまっていないか、考え直す必要があるようだ。

マクシミリアンが父親のほんものぶりに心を惹かれるようになったとき、彼はふとしたことから、「父親」が本当の父親でないことを知る。他の男によって妊娠し放浪していたマクシミリアンの母を、ウッドロウが好きになり、妊娠を承知で結婚したのだった。これはマクシミリアンにとってすごい衝撃であった。

マクシミリアンは、ほんものの父親を発見したと思った。ところが、それは本当の父ではなかったのだ。真実を教えてくれた、ウッドロウの友人、トリナ・ローズ——彼女もほんものの人生を生きている——にマクシミリアンは聞いてみた。

「じゃあ、教えて、トリナ・ローズ。ぼくのお父さんはだれなの？」

「あら、それはウッディ（ウッドロウ）よ。そうじゃないの？」

これが彼女の答えだった。そうだ、ウッドロウはマクシミリアンのほんものの父親だ。ただ、彼らには血のつながりがないだけで、そんなことは大したことではないのだ。一流とか、血のつながりとか、世間の人が大切にする規準を離れ、自分自身が腹の底から、ほんものだ、と言えることを頼りとして、マクシミリアンは、ウッドロウの息子としての自分のアイデンティティの確かめを行なうことができたのである。

## 死者の目

血のつながらぬ父と息子が、ほんものの父・息子関係であると自覚するという「秘密」は、常識からだいぶはずれたものだ。アイデンティティと秘密とは深くかかわることを最初に述べたが、アイデンティティが深化するにつれて、そこに存在する秘密がだんだんと常識を超えたものになってくる。

『エリコ』の場合の秘密は、まったくの常識はずれ、非日常性も甚だしいものになる。主人公のジーンマリー、十一歳の少女は、何しろ死者と話し合ったり、姿が他人には見えなくなったりするのだから、大したものである。

『エリコ』については、すでに他に詳しく論じたので(4)、ここではアイデンティティとの関連で、最も重要と思われることについてだけ述べる。ジーンマリーは、母親との二人暮らし、トレーラーに住んでいる。ここに取りあげたカニグズバーグの六つの作品のうち、最初の二作では、主人公は両親と住んでいるが、後の三作では、主人公が片親のみと住んでいる。これは、アメリカにおいて離婚の多い事実を反映しているし、一般的には、両親がそろっていて問題のない家庭に育つときは、子どもたちはそれほどアイデンティティの深化を体験せずに生きてゆけるので、やはり、アイデンティティの問題を深く追求してゆくためには、このような家族構成のほうが好都合だ、とも言えるだろう。

ジーンマリーが級友たちの「クローン人間」ぶりを嘆いていることは、すでに述べた。彼女は動物の死骸を埋葬してやろうと、友人の男の子、メルカム・スー（彼も父親との二人暮らし）と地面に穴を掘っているうちに、二人とも地下の世界に吸いこまれ、そこに住んでいる、何年か前に死亡した大女優タリューラに会う。ジーンマリーのアイデンティティは死者と会うことによって深められることになる。

この世のものはうつろいやすい。この世の人との関連によるアイデンティティは、いかに堅固に見えても、うつろいやすさがある。しかし、死者との関係は変わることがないのではなかろうか。柳田國男は、あるとき「自分もそのうちに御先祖さまになるんだ」と言っている人に会ったことを、感動をこめて語っている[5]。年輩のご老人で、ゴム長靴をはいて、はんてんを着て、白い髪の垂れている、大工さんである。柳田國男は、その老人のゆるぎのない安定感に感動したのだ。「そのうちに御先祖さまになる」、これほど確たるアイデンティティは少ないであろう。「誰それの親である」「子である」「○○中学の生徒である」などと言っていても、この世との関連で語られることは、いつどのように変わるかわからない。しかし、あちらの世界との関連で語られることはなんと強いことだろう。それは他人が破壊することのできぬものである。

ジーンマリーはタリューラとの結びつきによって、深いアイデンティティの確かめをする。その経験は、同年輩のメルカム・スーと共にするのである。このメルカムもすでに述べた重要な他者の一人であるが、タリューラの存在とははっきりと次元が異なっている。メルカムのことも興味深いが、ここではその点については省略する。タリューラの存在は大きい。ジーンマリーにとって、彼女は重要な他者であり、もう一人の自分（未来の）という感じもする存在である。

　ジーンマリーはタリューラの命令によって、こちらの世界で行なう「宿題」を与えられるが、そのときは、彼女の姿は誰からも見えなくなっている。この特徴を彼女は「急《せ》かされないこと――それと――気づかわれないことだ。わたしは自分が眉間にしわを寄せていないことに気づいた」と述べている。彼女は他から見られない。したがって、「私とは何か」を考える際に、他者の目はまったく意味をもたないのだ。他人の承認を必要としないし、気にすることもない。『800番』の表現を借りるなら、どんなふりをすることもないのだ。すごい自由、と言いたいところだが、考えてみるとこれは恐ろしいことだ。誰とも関連のないところで、どうやって自分を定位するのか。アイデンティティとは自分という存在が、確実に定位されていることを意味する。

　ジーンマリーを定位するのは、タリューラという死者の目である。タリューラの前で、「私は……をしました」と報告し、承認を得ること、これはなかなか大変なことである。われわれは透明人間にはなれないにしても、生きている誰彼の目を盗んで何かをすることはできる。しかし、死者の目を逃れることは可能であろうか。このように考えると、死者の目によって定位されることの重みが了解されるだろう。われわれが必死になって、何かのふりをしても、死者の目はそんなのをすぐに見透かしてしまうだろう。

　ジーンマリーがタリューラに与えられた宿題は、「ほんものとにせものを見わけること」、次に、「何もしないでいることが、何かをしていることになることを知る」であった。前者の点については『８００番』との関連ですでに論じた。後者について言うと、われわれがアイデンティティを考える場合、何かをすること、したことに頼っているのが多いことに気づく。私は入学試験に合格した。私はあのビルディングを建てた。私は大変なお金をもうけた。この考えが発展してゆくと「一流病」になる。これに対して、タリューラは「何もしないでいる」ことも、アイデンティティを支える要素となることを告げている。このことが腹の底までわかってくると、老人になって何もできなくなっても、そのアイデンティティはゆるぎがないだろう。

　すでに述べたように、十一、二歳の子どものアイデンティティの問題をよく見ていると、人間の全年齢にわたる多層なアイデンティティがすべて見えてくるのである。それが大人になると、かえって「何をしたか」とか、「一流」とかにこだわって、まったく単層のリアリティしか見えなくなってしまうのである。ひたすら「世界一」を目指して努力し続けてきたアメリカ社会の中で、このような文学が生まれてきたことの意義は非常に高い、と思われる。これも曇りのない「子どもの目」で見たからこそ、このような現実が描き出されたとも言えるだろう。児童文学は「子どものための本」などでないことは、これによってよく了解されるだろう。大人たちこそ、このような作品から学ぶところが大きい、と筆者は常に考えている。

（1）河合隼雄『明恵 夢を生きる』京都松柏社、一九八七

（2）順番に原作名、発行所などを記しておく。
*From The Mixed-Up Files of Mrs. Basil E. Frankweiler*, Atheneum Publishers, New York, 1967.
*Jennifer, Hecate, Macbeth, William Mckinley, and Me, Elizabeth*, Atheneum Publishers, New York, 1967.
*About The B'Nai Bagels*, Atheneum Publishers, New York, 1969.
*(George)*, Atheneum Publishers, New York, 1970.
*Journey to an 800 Number*, Atheneum Publishers, New York, 1982.
*Up From Jericho Tel.*, Atheneum Publishers, New York, 1986.

（3）子どもと老人が互いに「導者」の役割をとることについては、すでに拙著『子どもの宇宙』（岩波新書）に詳しく論じたので省略する。

（4）河合隼雄「E・L・カニグズバーグ『エリコの丘』から」『飛ぶ教室29号』光村図書出版、一九八九

（5）柳田國男「先祖の話」『柳田國男全集13』筑摩書房

# 少年の内界の旅

## 『さすらいのジェニー』を読んで

人間は時に旅をする。それは時に日帰りのものであったり、時に一ヵ月にもわたる海外旅行であったりするが、日常の生活から離れ、われわれは日常的な決まりきった生活とは異なる体験をし、リフレッシュされた感情を抱いて帰ってくるのである。非日常的な旅の体験は、われわれに時間感覚を狂わせて、長い旅の体験をわれわれは一瞬のことと感じたり、短い旅を長い長いこととして感じたりする。ともかく、そのような非日常的な旅の体験は、われわれの日常生活を見る目を変えさせることがあり、旅の後でもとの日常生活に戻ってきながら、われわれはもう一度それを新しいものとして捉えなおしたりすることもできるのである。旅の体験が、決まりきったかのごとく見える日常生活を活性化し、それに新しい生命力を与えてくれるのである。

『さすらいのジェニー』（ポール・ギャリコ、矢川澄子訳、大和書房）は、そのような素晴らしい「旅」の物語である。主人公のピーター少年はわずか八歳。彼はふとしたことから、まったくの「さすらい」の旅に出ることになり、そこでジェニーという女性に出会うことになるのだ。八歳の少年の一人旅は、いったいどのくらいの期間であり、どのくらいの距離であったのだろうか。それは船の旅を含む、命がけの冒険の旅であり、その間にピーターは一人前の青年にまで成長したとも言えるし、それはわずか数時間のことで、ピーターはその間ほとんど身動きもしなかったとも言えるのである。これはいったいどうしてだろうか。それは、ピーターの「旅」が「内界の旅」であったことを意味している。ピーターは外的には、交通事故にあって意識を失い、病院に入院して治療を受け、両親が心配そうに見守る中で意識を回復するという経験をしたのだ。しかし、内的には、彼はその間に途方もない長旅をしていたのだ。内界の時間と外界の時間は必ずしも一致しない。そのことをわれわれは浦島太郎の話や、邯鄲《かんたん》の夢の話などで知っている。

外的なことにのみ関心のある方なら、この本はすぐに読める。「1 事のおこり」と、最後の「28 事の終わり」を読むと「すべてのこと」がわかるからである。いや、実際一般には、それがすべてのこととして語られるのだ。つまり、八歳の少年ピーターは、父母にあまりかまってもらえなかった。そのためもあってか交通事故にあう。彼は左の後足と右前足を骨折、意識喪失状態で病院にかつぎこまれる。両親はすっ飛んできて坊やにとりすがる。ピーターは猫が好きなためか、うわ言に猫の鳴き声を言ったりするが、一時は生命も危険な状態に陥る。両親の後悔は深く、子どもに対する自分の愛情の不足に気づき、必死になって看病するうちにピーターは意識を回復。医者がもう大丈夫と請け合うのを聞き、ピーターの母は、深くわが子を抱きしめる。

このような「事故」が、一人の少年のみでなく家族全体のあり方をも変えることがあるのを、私のような臨床家は体験的によく知っている。それはまるで、誰かが仕組んだのではないかと思うほどにうまくできていて、その事故を頂点として、家族のあり方が改変されるのだ。このことをすでに述べたことと結びつけると、その外的な「事故」の背後に、彼らの生活をあらたなるものへと活性化する「旅」が必ず存在しているのである。ただ、残念ながら、われわれ凡人には背後の旅が見えないのだが、ポール・ギャリコにはそれが見え、それをこの『さすらいのジェニー』という一冊に書きこんだのである。

内界というものは不思議なものである。それはイメージによって満たされている。ピーター少年の旅は、猫のイメージを通じて語ることこそ、最もぴったりなのであった。天才モーツァルトは、彼の交響曲を一瞬のうちに聴くことができたという。彼がイメージの世界において一瞬のうちに経験したことを、われわれ凡人に理解可能な形で表現すると、それは二十分近い演奏時間をもつ一曲の交響曲となるのである。ピーター少年の経験も、あるいは一瞬のうちのことであったかも知れぬ。それをギャリコがわれわれにわかりやすく説明してくれるとき、一冊の本の形をとった作品となるのである。

イメージの世界においては、少年も大人でありうるし、大人も少年でありうる。人も動物であるし、動物も人でありうる。かくて、ピーターはイメージ界において猫となっている。八歳の少年はあくまで子どもであるが、八歳の猫は立派な大人のはずだ。ピーターは内界の旅の中で、子どもと大人の混合した不思議な感情を体験する。彼はジェニーに対して母への愛や恋人への愛を同時に経験する。八歳の少年の恋愛？　と驚くことはない。実際、われわれ臨床家としては、八歳の少年の内界深くにこのような恋愛感情が存在していたとしても、別に不思議に感じないであろうし、八十歳の老人の内界に、ひたすら母を求める子どもの甘えが存在していたとしても驚くことはないであろう。もちろん、それはストレートには体験し難いし、また、本人が言語によって表現することも不可能であろう。年齢を超え、時代を超えて、男性の心の中に存在する、この甘く物悲しい愛惜感。これを八歳の少年のこととして語るなら、八歳の猫として語るのが、最も適切ではなかろうか。それは猫である以外にはありようがないのである。

しかし、一般の少年たちはこんなことを体験しない。そしてまた、そのような体験をする必要もないのだ。ただ、それは少年の内界にこのようなことが存在しないことを意味しない。月の世界というものは存在しているのだが、その世界に行けるのは、ごく選ばれた人たちである。一般の人はそこに行けないが、月の世界探険の話を聞くことは興味深くもあり、また、必要なことでもある。ピーターはそのように「選ばれた」子どもであった。彼がなぜ選ばれたか、真の原因などわかるはずはないが、ある程度の要因としては両親の態度をあげることができるであろう。ピーターに対する両親の態度がどんなであったかは、ギャリコが的確に記述している。そして、ピーターは辛いことがあっても、「もはや泣いたりしない習慣すら、ちゃんと身につけていた。声なんか立てなくたって、ひっそりと心の中で泣くことができる。それをすぐにさとっていたのだ」とギャリコは述べている。

ピーターはどんな悲しいこと、辛いことを体験しても、この世では誰も抱きとめてくれる人がいなかったのだ。そのようなピーターを抱きとめてくれるのは、この世ではなく、もうひとつの世界に存在している女性、ジェニーしかいなかったのだ。したがって、ピーターは選ばれて……と言ってもいいし、仕方なく……と言ってもいいのだが、ジェニーの世界に行くことになったのだ。その世界の経験がどれほど素晴らしく、どれほど危険に満ちたものであったかは、ギャリコがうまく描いてくれている。それは文字どおり命がけの旅であったが、それは常にジェニーという女性の伴侶を得ることによって、癒しの旅ともなったのである。癒しを体験した後で、ピーターは「ないて、ないて、心臓もはりさけんばかりになきじゃくった」。やはり、人間は誰かの腕の中で泣けるのは素晴らしいことだ。ピーターは可哀想に、このことが可能となるためには、ジェニーと共にあれだけの困難な体験をしなくてはならなかったのだ。

ピーターは多くの冒険の旅で、獰猛なデンプシーを殺し、ジェニーと結ばれそうになるが、そのときに、こちらの世界に母親によって呼びもどされる。これは八歳の少年としては当然のことである。猫の世界の体験を基礎として、彼はここでジェニーと結ばれるのではなく、この世の母の胸に帰ってきたのである。彼にとって今後しばらくは内界への旅は必要でなく、これからは父母との間で、こちらの日常の世界を生きることが必要となるだろう。そして、いつの日か彼がジェニーに再び会うことを必要とするときは、おそらく、ジェニーは猫の姿ではなく、人間の姿をとって、現れてくるのではないかと思われる。

ピーターにとって、猫の世界への旅が、癒しの意味をもったのであったが、彼がこの世に帰ってきたときの両親の態度を見ると、彼の旅は両親を癒す効果をもったことも推察できる。これがこのような内界の旅とか、家族関係とかの不思議なところである。あるいは、ピーターの事故の知らせを受け、病床にかけつけた父母は、ピーターと共に旅をしたのだと言ってもいいのかも知れない。そのように考えると、彼らもピーターの猫の世界に登場していたようにさえ思えるのである。

文学作品は傑作であればあるほど、いろいろな「読み」を可能にする。私は私の勝手な「読み」をここに書かせていただいたが、読者の方々は、それぞれ自分なりの「読み」をされることであろう。人間はそれぞれが、時に、自分なりの「さすらい」の旅に出ることが必要なようである。

# 『はてしない物語』の内なる世界

子どもたちに昔話やファンタジーなどを読ませると、子どもが現実から逃避するようになるのではないかとある小学校の教師から言われたことがある。その教育的情熱にあふれた顔を見て、やり切れない気持ちがしたのだが、現実とかファンタジーについて、このようにしか理解できない人が、あんがい多いのではなかろうか。そこに現代人の危機が存在している。現実を外的現実にのみ限定して捉え、それを操作するテクノロジーの急激な発達によって、まるで人間が現実を――したがって世界を――支配しうるような錯覚を起こしかけたとき、実はテクノロジーの人間支配が思いのほかに進んでいたのである。かくて、人間性の回復ということが現代人にとっての大きい課題となってきたのだが、まだまだそのような危機を自覚していない人も多い。人間に対するテクノロジー支配の恐ろしさの一面を、本書の著者ミヒャエル・エンデは前作『モモ』によって見事に描き出したが、今回も前作に劣らぬ素晴らしさで、現代人の危機と、それよりの回復の道を語ってくれるのである。

人間がその本来性を回復するためには、ファンタジーをもつことが必要である。それは外的世界を裏打ちするものとしての内的世界について、思いをめぐらせること、と言うよりは、われわれが外的世界に生きていると同様に、内的世界においても生きる、ということである。人間がファンタジーをもつ、というのは、そもそも思いあがった言い方で、ファンタジーが人間の中に生きてくる、と言うべきであろう。このような裏打ちを得てこそ、われわれの人生は豊かなものとなり、生命力をもったものとなる。しかし、われわれがファンタジーと切り離されたとき、われわれは機械と類似の存在となる。これが現代人の危機なのである。

人間がファンタジーの世界と切れてしまう危機、これをファンタジーの世界のほうから見ればどうなるだろう。これをエンデは「ファンタジーエン国の危機」として、うまく描いている。ファンタジーエン国は、もともと途方もない動物や植物が豊かに育っている国であるが、そこに大変な危機が訪れる。それは各所に「虚無」が生じ、それがどんどんと拡がってくるのである。虚無は文字どおり何もない状態で、そこにあったものはすべて無に帰してしまう。ファンタジーエン国は女王幼《おさな》ごころの君《きみ》によって統治されているが、この女王は何もせず「ただ存在する」ことによって、ファンタジーエン国のすべての生物に生命を与えている。しかし、女王は最近になって不可解な病になり、それがこの国の「虚無」の拡がりと関係しているのである。

女王の病を癒す方法を探し出すため、少年アトレーユが選ばれる。アトレーユは数々の意味深い冒険の後に、ついに幼ごころの君を救う道を見出す。それはファンタジーエン国のものではなく、人間が誰か幼ごころの君に新しい名前を差しあげることによってなされるのである。人間界がファンタジーエン国の存在によって生命力を保っているように、ファンタジーエン国も人間界との適切な接触を得てこそ、存在し続けられるのだ。ところが、その接触があまりにも少なくなったため、人間界に住む現代人が危機に陥っているように、ファンタジーエン国も虚無化する危機に襲われているのである。

ところで、このような話が『はてしない物語』という本に書かれているのだが、それを読んでいるのは、少年バスチアンである。バスチアンは弱いいじめられっ子だが、偶然とびこんだ古本屋のコンアンダー氏のところから、この本を盗んできて学校の屋根裏に隠れ、授業をさぼってそれを読んでいる。たしかに、ファンタジーというものは買ったり、教えてもらったりできるものではない。盗み取ること、そして、次に示すようにそれを生きることによってしか自分のものとならないのだ（この盗みが通常の盗みと異なることは、後で明らかにされている）。

バスチアンは誰か人間が幼ごころの君に名前を差しあげるべきだというところを読んでいるうちに、その人間こそは自分であることを悟りはじめる。彼は月の子（モンデンキント）という素晴らしい名を思いつくが、それを言う勇気がない。しかし、ついにたまりかねてその名を叫んだとき、バスチアンは物語の中に「はいってしまう」のである。したがって、物語の後半の主人公は、最初に読者であったバスチアンになるのである。

読者が物語の中にはいりこむとは奇抜なことを思いつくようだが、考えてみると、われわれはよく物語の中にはいりこんだり、主人公になったりしてはいないだろうか。当然といえば当然だが、それをひとつの物語として作りあげるためには周到な配慮が必要であり、その点、エンデはまことに素晴らしい才能をもっている。こちらの世界の記述は赤で、あちらの世界の記述は青で、二色に刷り分けられた本書は、両者のからみ合いを文字どおり多彩に描き出してくれ、読者のわれわれをも、『はてしない物語』の中へと誘いこむのである。

少年バスチアンの冒険と、彼がどうしてこちらの国に帰ってきたかについては、皆さんに自ら読んで知っていただくことにして省略しよう。最後に問題としたいのは、ファンタジーの「作品」を作ること、つまり、ファンタジーエン国のものをこの世にもたらすことの難しさ、ということである。エンデは、ファンタジーエン国で虚無に化したものは、人間界において虚偽として存在することになると言う。これは実に名言だ。

しかし、ファンタジーをこの世の人びとに「作品」として——つまり伝達可能な形において——提出しようとするとき、そこに何らかの「つくりもの」的要素が混入することは避けられないのではなかろうか。これは、考古学における復元作業のようなもので、古い破片をつなぐ石膏の部分がどうしても必要なように思われるのである。エンデは当世の第一流のファンタジー作家のなかで、この「つくり話」的要素が比較的多い人のように思われる。もっとも最近は本格ファンタジーと銘打った「つくり話」が割に発表されているので、そんなのは論外だが、日本には「つくり話」にアレルギーの強い文学好きの人がいて、その人たちは、この物語をあまり買わないかも知れない。しかし、そのような人は、つくり話の否定がファンタジー否定につながり、干涸《ひか》らびた「文学」にしがみついていないかを反省する必要があろう。そして、つくり話と言っても、エンデの「つくり」はまた、絶品のものであることもつけ加えておきたい。

本書は人間にとってファンタジーが必要不可欠のものであることを示してくれると共に、われわれはファンタジーを読んだり、見たりするのではなく、それを生きることが大切であることを、生き生きと伝えてくれる。十歳から八十歳に至る人びとが、本書を読み、その中にはいりこみ、本書を読み終わった時点から、各人が各人の「はてしない物語」を生きることになれば、どんなに素晴らしいであろう。

## 少女の内界のドラマ
### アリスン・アトリー『時の旅人』

一九八一年刊の欧米児童文学の翻訳のなかで、タイム・ファンタジーと呼ばれるものとして、アトリー『時の旅人』（評論社）、メアリ＝シュトルツ『鏡のなかのねこ』（偕成社）、タウンゼンド『未知の来訪者』（岩波書店）、の三作を読んだ。三作とも秀作には違いないが、後の二作はあまり好きになれず、「この一冊」を選ぶとなると、『時の旅人』を選ぶことになった。他の二作をなぜあまり好きになれないのか、自分でも未だ不明確である。たしかにうまく書かれていると感心するのだが、おそらく、うまく書かれすぎた作品は先が見えやすい、ということも好きになれない理由なのかも知れない。その点、『時の旅人』は好きである。原作は一九三九年刊だから、タイム・ファンタジーとしては古典に属するものであろう。それにしても、新作の二作に対してひけをとらぬばかりか、それを上まわる素晴らしさをもっていると、私には思われた。

本書は思春期の少女の内界を見事に描いた傑作である。私は心理療法家として、思春期の少女に会うのが一番難しいと思っている。彼女たちは自分の内界をほとんど言語化することができないし、私もどのように彼女たちに接近していいのか見当がつかないのである。最近、私はこのような言語化不能とも言うべき世界を、わが国の少数の少女マンガ家たちが表現しているのを知り大いに感嘆させられた。そして、言語よりもむしろイメージを重視するマンガというメディアこそが、このような困難な表現を可能にしたのか、と思ったことがあった。しかし、『時の旅人』の著者アリスン・アトリーは、それを見事に言語によって描き出しているのである。

　主人公の少女ペネロピーは病弱な子で、そのためロンドンから母方の大伯母ティッシーの住むサッカーズ農場に転地する。内界への旅をする主人公たちは病弱なことが多い。病によって外的行動を妨げられるので内界に注目するのか、あるいは、これほどまで内界に心を惹かれると、通常の健康が維持されにくいのか。ともかく、病気ということがマイナスの意味のみをもつものでないことは明らかである。大伯母の古い家で過ごす間に、ペネロピーはふと、三百年も以前の時代にはいりこんでしまうのだ。この家は何百年も前から住んでいたカトリック信者のバビントン家のものであり、ペネロピーの先祖は、バビントン家の人びとに仕えていたのである。

　ペネロピーは「過去の世界」の中で、サッカーズの若い領主アントニーと弟フランシス、それに仕える人びとに会う。そこには大伯母の何代も前のティッシーがいて、バビントン家の台所を取り仕切っているのだが、ペネロピーはそのティッシーの遠縁のペネロピーとして皆に受けいれられるのである。ここでわれわれにとって非常に興味深い点は、ティッシーとかペネロピーという名が何代にもわたって襲名されているので、三百年前の世界にはいりこんだ人も、それを受けいれる側の人も、あんがいにスムーズな人間関係を結ぶことができる、ということである。「個」

を大切にする西洋の文明において、襲名に示されるような遠い先祖との結びつきが、個人のアイデンティティを支えるものとして機能している事実を、われわれは忘れてはならないであろう。

ところで、サッカーズの領主アントニーは、エリザベス一世によって幽閉されているカトリックのスコットランド女王メアリーを助け、彼女を自由にしてイングランドの女王に推戴しようと努力を続けている。ペネロピーは、この若い領主とその弟のフランシスに心を惹かれてゆく。しかしながら、彼女はイングランドの歴史の中で、メアリーもアントニーも、エリザベスに対する反逆が露見して処刑されたことを知っているのである。彼女はたまらなくなって「メアリーは処刑された」と口走ってしまい、「過去の人」たちから、うさんくさい目で見られたりする。

彼女はいくら頑張っても過去の歴史を変えることはできない。われわれ読者も、実のところ歴史を知っている。したがって、読者は読みすすんでゆくうちに主人公に同一化し、ペネロピーの愛しているアントニーやメアリーの幸福を願い、何とかしたい気持ちに駆られながら、一方ではその悲劇的結末を知りつつ読んでゆくことを余儀なくされる。はじめに、うまくできすぎている作品は先が見えやすいと述べたが、それとまったく別の意味で、この物語の先は変更不能な事実として、われわれに突きつけられているのである。実は、この点がこの作品を素晴らしいものにしている秘密であると考えられる。

われわれは時に漠然と人生を変更可能なものとして感じている。自分の努力によって、過去は変えられないにしても、未来は変えられると。しかし、果してそうであろうか。一人の少女はどうしても女にならねばならない。われわれが「時」の流れを止めることができない限り、このことは変更不能である。大人になることは、「乙女の死」を意味し、それはある「時」にアレンジされており、誰も免れることはできない。それは処刑と呼んでも差し支えないのではなかろうか。しかしながら、少女はそのことを知りつつも、心の一部ではそれを免れたり、拒否したりするための努力を続けるのではないだろうか。彼女はいつまでも少女でいたい願いの強さのために、時には「死」を免れられると錯覚することさえあるかも知れない。しかし、「時」は情け容赦なく流れてゆく。

　このように考えると、少女ペネロピーの体験しているバビントン家にまつわる凄まじいドラマは、すなわち彼女の内界に生起していることであることが了解されるであろう。すべての少女は大人になるために、その内界においては血で血を洗うドラマを体験しているのだ。エリザベスは立派な女性である。しかし、メアリーもなんと魅力ある女性であろう。限りなく美しく、冒険を愛するメアリー。彼女に力を尽くす青年アントニー。彼らはエリザベスによって処刑されねばならないのだ。ペネロピーは、それを知っていながら彼らに同調せざるをえないし、時にはそのことを忘れてしまいさえする。読者のわれわれも同様の体験をする。結末を早く知りたくてハラハラするような推理小説的な興味ではなく、結末を知るゆえに焦燥し、嘆息し、かなわぬと知りつつ願い、全人的な存在のゆれを体験する。

「音と匂いは、わたしが話そうとしている陰影と悲劇に織りなされた光と闇の物語の一部になっている」と著者は述べている。物好きな読者はこの本の中に、どれだけの「音と匂い」が含まれているか数えてみるといいだろう。音と匂い、それは確実に存在し、人間の心の深みにはたらきかけてくるものでありながら、手にとって見ることも、保存することも難しいものである。それはわれわれの人生の大切なプロモーターでありながら、捉え難く固定し難いものとして「時」に似ているとも言える。一人の少女が内界のドラマにあまりにも引き寄せられるとき、彼女はこの世ならぬ「匂い」を感じ、「音」を聴くかも知れぬ。私は臨床家として、幻嗅や幻聴を訴えて来談した少女たちのことを思いかえしている。彼女たちも「時の旅人」なのだ。本書を読んでいるとき、私は新聞で、母親に叱られ家出放浪しているうちに凍死した少年の記事を見た。母親に叱られたくらいで、少年が死の旅に出るはずがない。ただ、残念なことに彼がどのような「時の旅」をしたか、われわれは知る由もないのだ。

話の結末はペネロピーも知っていると言った。しかし、われわれは自分の未来のすべてを知っているわけではない。ペネロピーも危うく地下室に閉じこめられて死ぬところであった。乙女の死はいつも象徴的に生じるとは限らない。それは前記の少年の例のように、実際的な死と思いがけないほど近接しているのである。

何かを「知る」ことにもいろいろの段階がある。アントニー・バビントンの話を単に知っていることと、その話の中に生きることとは別のことだ。少女がやがては大人になることを知ることと、実際になることとは別のことだ。そして、不思議なことに、大人になっていながら、それがどんなことかを深く知っていない人も多い。おそらく、アリスン・アトリーは少女のころ、父が「最近まで生きていた隣人であったように話してくれた」バビントンの話に心惹かれ、その中に生きながら大人になっていったのであろう。バビントンの話になぜ自分はあれほどまでに心惹かれたのか、それは何を意味したのか、そのことが明確にわかり、言語によって他人に示せるようになるためには、アトリーは五十歳になるまで待たねばならなかった。

『時の旅人』は、そのような意味で、アリスン・アトリーの自伝なのである。彼女が少女のときに体験したドラマがそのままここに語られている。ペネロピーを愛してくれる父母、きょうだいたち、病弱の彼女の転地先で、彼女を精一杯大切にしてくれた大伯父と伯母、それらの人たちは、彼女の成長に絶対必要な人たちであった。彼らの助けなしでは彼女は命を失ってしまっていたかも知れない。しかし、少女の真の成長のためには、それだけで十分ではなかった。アントニー、フランシス、昔のティッシー伯母、それに女王メアリーのみならず、エリザベス一世までもが、必要なのであった。そして、これらの人たちは、凄まじい戦いと、美しい恋とを演じつつ、少女が大人となるときに消え去っていった。

バビントンの話が少女のアリスン・アトリーの心を捉えたように、『時の旅人』は多くの少女の心を捉えて離さぬものとなるであろう。そして、そのうちの何人かの少女の命を救うことに役立つことにもなろう。

# 『グリム童話集』を読む

グリムの昔話は、私の子どものころの愛読書であった。私は田舎育ちで本を読む子どもなどは少ない状況だったが、私の家にはアルス社の『日本児童文庫』という本がずらりと並んでいて、私は読書欲を相当に満足させられたものである。そのなかの一冊に『グリム童話集』というのがあり、小学二年生のときに読んだように思う。

現在も表紙の絵をうろ覚えに覚えているが、赤頭巾とオオカミが描いてあったと思う。『赤頭巾』は「赤坊ちゃん」と題されていたし、「シンデレラ」は「りすの毛皮の靴」という題だったように思う。私はグリムだけでなく昔話が好きで、児童文庫のなかにある『世界童話集』などと共に何度も何度も読んだ。挿絵も印象的なのが多く、心ときめかして見た当時のことを、今でも生き生きと思い出すことができる。当時の小学校では、児童に皆の前で話をさせるときがあり、私はこれらの昔話をしては皆の人気を集めたものである。グリムを読みながら、こんな国へ一度は行ってみたいと思ったりしたが、それが本当に実現するとはまったく思っていなかった。

スイスに留学して感激したことのひとつに、あちらの森を知ったことがある。あちらの森の中を実際に歩いてみると、グリムの世界に出てくる森の意味がよくわかるのである。

グリムの話は大好きだったが、何度読んでも心の中に疑問が生じてきて、どうしてもとけないことがあった。「黄金の鳥」という話は大好きだが、最後のところで、主人公をずっと助けてきたキツネが、自分を殺してからだをバラバラにしてくれと主人公に頼む。主人公はやむなくそうすると、キツネは王子に変わる。最後の変身はありがたいが、どうしてそんなに残酷なことをしなくてはならなかったのか。

「つぐみ髯《ひげ》の王様」も強く心を惹かれた話であったが、主人公のお姫さまをどうしてあれほどまでに苦しめねばならなかったのか。それにこの話は明らかに女性が主人公であるのに、その人の名前はなくて、題に男性の名——あだ名であるが——がついているのも納得がいかなかった。空想好きなくせに妙に論理的なところがあった私は、子ども心にもいろいろ疑問を抱き、時には口にも出してみるのだが、誰も本気で相手をしてくれず、自分なりに勝手に考えるより仕方がなかった。

昔話に対する関心は中学生になっても続き、中学一年生のとき「日本の昔話と西洋の昔話」という作文を書き、「これは作文と言うより論文じゃ」と先生にほめられて、大変うれしかったことを覚えている。何を書いたかあまり覚えていないが、西洋の昔話はハッピーエンドに終わるのに、日本の昔話はそうでないことが多い点に一番関心をもって書いたように思う。そして、小さいときは西洋の話が絶対に好きだったのに、今は話の筋も簡単で悲劇に終わる日本の昔話のほうにも心を惹かれるようになった、ということを書いたと思う。

　私は子どものときから、人間が不幸になるのはたまらない、というところがあって、日本の昔話の悲劇的結末に耐えられず、どうしたら幸福になれただろうかと、西洋の昔話のことを思いながら考え続けたものである。グリムの昔話では王子と王女の華やかな結婚式が何度も語られるのに、日本の昔話では、男女の別れが続くのである。

　ところで、昔話に対する私の長年の疑問がとかれるときが思いがけずやって来るのである。それは一九六二年にスイスのユング研究所に留学すると、ユング心理学による昔話の解釈の講義が、フォン・フランツ女史によってなされており、そこでは私が子ども時代に抱いた疑問がつぎつぎと取りあげられて、見事にとかれてゆくのである。フォン・フランツ女史の講義は最も人気の高いものであったが、私もまったく心を奪われてしまった。「つぐみ髯の王様」も「黄金の鳥」もちゃんと取りあげられ、私のそれまで考えていたことをはるかに超えた観点から解釈がなされてゆくのである。

　フォン・フランツ女史の講義に聴き入りながら、私はなぜこれほどまでに私が昔話に心を惹かれてきたか、わけがわかったような気がしたのである。それは、昔話がいかに荒唐無稽に見えながらも、人間の心の成長の過程を深い層で把握したことが描かれているのだ、という認識である。魔女を殺すヘンゼルとグレーテル、「カエルの王様」のお話で、カエルを壁に投げつける姫、これらはその年齢における成長に必要な課題に立ち向かう人間の姿を、見事に描き出しているのである。

こうして私の昔話に対する熱意は、またもや再燃させられたのである。スイスから帰国後、機が熟すまで十年ほど待って、私はグリムの昔話や日本の昔話について深層心理学の立場からの考えを発表した。これらは予想外によく受けいれられてうれしかったが、これは人びとの目が内面の深い層へと向けられるようになり、昔話のもつ深い意味が多くの人に理解されるようになったためと思われる。大人も子どもも多くの人が、グリムの昔話を読み、自分なりの意味をそこに見出してほしいものと思う。

# 瀕死体験と銀河鉄道

最近、near death experience（瀕死［臨死］体験）についての研究が進んできて、よく発表されています。私の考えの根本は、宮澤賢治という人は、おそらく瀕死体験をしたのではないか、そしてその体験が『銀河鉄道の夜』という作品に結晶する基礎になったのではないか、ということにあります。このことについてはすでに拙著『宗教と科学の接点』の第三章「死について」でも触れましたが、ここではもう少し突っ込んで作品の具体に即して見ていこうと思います。

『銀河鉄道の夜』ができ上がってくる基礎に、彼の妹とし子さんの死が非常に大きなものとしてあると考える人が多くいます。私もそれに賛成です。賢治がとし子さんを喪《うしな》った悲しみは、詩「永訣の朝」とか「無声慟哭」によく表されています。そこで私の仮説になりますが、宮澤賢治はとても宗教性の高い、また他人に対する共感の力の強くあった人ですから、自分の最愛の妹とし子さんが体験した死を、自分も相当深いところで共に体験し共感できたのではないか。言わば死の世界へ連れて行かれるとし子さんにほとんどぴたりと追随したのではないか、彼の瀕死体験をそう捉えています。普通の人が実際に心臓が止まったり、死にそうになったりして体験することを、賢治は、肉体的な変化は伴わずに、深い宗教性と共感性によって、そういう体験をしたのではという仮説です。その体験を基にして『銀河鉄道の夜』の作品が出てきた。

ところで、毛利孝一さんというお医者さんが、脳卒中で倒れ、目覚めたときの自分の体験を基にして『生と死の境』(東京書籍、一九八六)という本を出され、そこでは宮澤賢治の詩「眼にて云ふ」を引用、賢治が壊血病で危篤になったとき瀕死体験をもったのではと推論されています。あるいはそのようなこともあったのかも知れません。

最近の研究でわかってきたことですが、瀕死体験というのは、交通事故の場合あるいは手術の場合など、医学的には一応死んだのではないかと判断されるような局面になり、心臓が一時止まったりするのですが、そのとき、蘇生術を施してもう一度生き返らせることがしばしばあります。言わば五分間なり十分間なり死んだ状態になって、仮死と言うのでしょうか、そして蘇生する。その蘇生した人に、その間どういう体験をしましたかと聞きますと、今までそういうことを語る人は少なかったのですが、いくつもの症例を集め分析し組織的に研究してみますと、たくさんの人が似たような経験を話すという事実がわかってきたのです。

特に、アメリカの精神科医のレイモンド・ムーディがそれをまとめて一九七五年に発表しました。本は *Life After Life* 日本では『かいまみた死後の世界』と訳されています(中山善之訳、評論社、一九七七)。それによると、いっぺん死んで生まれ返った体験をした人、つまり瀕死体験をした人には、驚くほど共通点があることを指摘しています。ムーディはその共通点を「典型」として提出しています。ちょっと長くなりますが引用しましょう。

わたしは瀕死の状態にあった。物理的な肉体の危機が頂点に達した時、担当の医師がわたしの死を宣告しているのが聞こえた。耳障りな音が聞こえ始めた。大きく響きわたる音だ。騒々しくうなるような音といったほうがいいかもしれない。同時に、長くて暗いトンネルの中を、猛烈な速度で通り抜けているような感じがした。それから突然、自分自身の物理的肉体から抜け出したのがわかった。しかしこの時はまだ、今までと同じ物理的世界にいて、わたしはある距離を保った場所から、まるで傍観者のように自分自身の物理的肉体を見つめていた。その異常な状態で、自分がついさきほど抜け出した物理的な肉体に蘇生術が施されるのを観察している。精神的には非常に混乱していた。

しばらくすると落ちついてきて、現に自分がおかれている奇妙な状態に慣れてきた。わたしには今でも「からだ」が備っているが、このからだは先に抜け出した物理的肉体とは本質的に異質なので、きわめて特異な能力を持っていることがわかった。まもなく別のことが始まった。誰かがわたしに力をかすために、会いにきてくれた。すでに死亡している親戚とか友達の霊が、すぐそばにいるのがなんとなくわかった。そして、今まで一度も経験したことがないような愛と暖かさに満ちた霊――光の生命――が現れた。この光の生命は、わたしに自分の一生を総括させるために質問を投げかけた。具体的なことばを介在させずに質問したのである。さらに、わたしの生涯における主なできごとを連続的に、しかも一瞬のうちに再生して見せることで、総括の手助けをしてくれた。ある時点で、わたしは自分が一種の障壁《バリヤー》とも境界《ボーダー》ともいえるようなものに少しずつ近づいていているのに気がついた。それはまぎれもなく、現世と来世との境い目であった。しかし、わたしは現世にもどらなければならない、今はまだ死ぬ時ではないと思った。この時点で葛藤が生じた。なぜなら、わたしは今や死後の世界での体験にすっかり心を奪われていて、現世にもどりたくはなかったから。激しい歓喜、愛、やすらぎに圧倒されていた。ところが意に反して、どういうわけか、わたしは再び自分自身の物理的肉体と結合し、蘇生した。

これがムーディのいわゆる「典型」ですが、すべての人がこのような体験をするわけではない。ムーディは、このモデルに含まれる十五の要素のうち、多くの人が八ないしそれ以上の要素について報告している、なかには十二もの要素について報告した人も数人いると述べています。また、ここに示した順序は必ずしもこのとおりではなくて、相前後することもあると但し書きしています。

これらの体験をした人誰もが、なかなか適切に表現する言葉が見つからなかったと強調しています。だから今まで多くの人がこのような体験を人には語らなかったわけですが、ムーディが真剣に集め出したために、協力するようになり、今ではたくさんの人が研究に参加し、類証もどんどん出ているそうです。

ところで、以上のことを頭に置いて、『銀河鉄道の夜』を見ていきます。初稿から四度くらい書き直されたことがわかっていますが、現在いちおう決定稿的に見られている形で言いますと、列車銀河鉄道が出発するまでに、前置きふうに、午後の授業の場面、それから活版所、そして家の場面があります。

主人公ジョバンニにはお父さんがいない。航海に出ているのか、あるいは監獄にはいっているのか、判然としない。お母さんと住んでいて、あまり裕福な家でもないらしい。

瀕死体験のような深い体験をする場合、父親の不在、あるいは留守ということは、非常によく出てくるテーマです。つまり父親というのは常に現実規範の体現者の面をもって現れますから、父親不在の設定がここで行なわれているのは意味深いと思います。

はじめの授業のところで、ジョバンニは何かしら不安を感じていて、先生に銀河、天の川のことを聞かれたとき、知っているのにうまく答えられない。ということは、ジョバンニ自身がすでにどこか日常世界から離れた、非日常的な世界に心魅《ひ》かれている、あるいは足を引っ張られている、そういう状態になっていることがうまく書かれています。

対してカムパネルラは、ジョバンニに非常に近い位置にいる。その近さは共生的と言ってもいいでしょう。たとえばジョバンニが銀河のことを聞かれて答えられないと知ると、カムパネルラも知っているはずなのにもじもじして答えない。「さうだ僕は知ってゐたのだ、勿論カムパネルラも知ってゐる」と感じている状況――この二人の結びつきは、普通単に仲がいいというような状態をはるかに超えた、共生感と言ったらいいか、そういうものであることが描かれている。

まったく異次元の世界へ出ていく、その前の部分、午後の授業で、先生が「銀河」に対する解説を述べるくだりがあります。これは賢治が銀河なら銀河というものを、現代の自然科学的な見方でみると、どのように摑まえられるかを、非常によく知っていたということです。こういうところが賢治の素晴らしさです。

私は、賢治がそのような合理的な現実把握ができたという点が、ファンタジーの作品をあんなに素晴らしく作ることができた要素のひとつと言っていいと思っています。だいたい日本人はファンタジー的な作品がへたですが、それは、合理的思考が弱いから、合理の世界と非合理の世界が変に融合してしまって、カチッとファンタジーとして結実させる力がないんです。賢治はしっかりそれをもっていた。『銀河鉄道の夜』のファンタジーの枠として、銀河の説明を科学的にきちんと入れているところはうまいし、興味深い。

次にジョバンニは学校から帰って活版所に行き活字を拾ったり、家へ帰ってお母さんと対話したりする、現実的なところが書かれています。らっこの毛皮をめぐる対話でも、やはりお父さんのいない不安が出ている。皆がらっこの毛皮のことでひやかすのだけれど、カムパネルラだけは決してひやかさない。ここにも二人の共生関係がちゃんと働いている。

夜に入って、祭りの夜、友だちに会っても、ひやかされる。これは初期形の原稿ですが、

（ぼくはどこへもあそびに行くとこがない。ぼくはみんなから、まるで狐《きつね》のやうに見えるんだ。）

という表現があります。ここも非常にうまくて、エイリアンと言っていいのでしょうか、自分だけ完全に疎外されているという極端な疎外感、孤独感が語られていて、それがまっすぐ銀河鉄道の旅に続いている。

さてそして、銀河鉄道の旅が始まります。この銀河ステーションの始まりのところから、先ほど言った瀕死体験とよく似ている描写がでてきます。見事です。

するとどこかで、ふしぎな声が、銀河ステーション、銀河ステーションと云ふ声がしたと思ふといきなり眼の前が、ぱっと明るくなって、まるで億万の蛍烏賊《ほたるいか》の火を一ぺんに化石させて、そら中に沈めたといふ工合《ぐあひ》、またダイアモンド会社で、ねだんがやすくならないために、わざと穫《と》れないふりをして、かくして置いた金剛石を、誰《たれ》かがいきなりひっくりかへして、ばら撒《ま》いたといふ風に、眼の前がさあっと明るくなって、ジョバンニは、思はず何べんも眼を擦《こす》ってしまひました。

この光の描写は、先ほどの瀕死体験の光と通じるものがあります。

そしてこの『銀河鉄道の夜』全体を通じての透明さ、透き通った感じは、死後の世界を描くときの感じと似ています。この透んだ感じは、死んでいく人たちが皆、様に体験することです。死んでいく人たちのケア——そばに付き添いつつ話し合い共感してゆく——をやっているキュブラー・ロス女史は、それを「透《す》んだ瞬間」と呼び、死の直前必ず訪れることを言っています。その瞬間に近寄って、「もしもよかったら今体験していることを話してくれませんか」と尋ねると、死んでゆく人たちは話してくれることが多いと言います。

私たちが常識では考えられない透明感は、一貫して『銀河鉄道の夜』の描写の中にありますいくつも拾えますが、

青白く光る銀河の岸に、銀いろの空のすゝきが、もうまるでいちめん、風にさらさらさらさら、ゆられてうごいて、波を立ててゐるのでした。

こういう体験を実際に賢治はしたのではないか。

ジョバンニはカムパネルラと一緒に旅をします。カムパネルラという名には女性的な響きがあって、女性だと思ったりする人もあるくらいですが、妹とし子との体験を考え合わせると、ここは同行者として女性を設定してもよかった。だが、いろいろ考えられるのですが、透明度ということから言えば、男性同士のほうがおそらく透明度が強いだろう、と私は受けとめています。しかしまた、わざと女性的な名前にすることによって、男性女性というこの世の区別を超えた存在としたかったとも考えられます。

カムパネルラは旅の途中で、母のことを少し思うところがあります。

「おっかさんは、ぼくをゆるして下さるだらうか。」

いきなり、カムパネルラが、思ひ切ったといふやうに、少しどもりながら、急《せ》きこんで云ひました。

以下ジョバンニとのやりとりがあって、あとは母のことは全然出てきません。このあたりもこの世からあの世へ渡って行く人が瞬間に体験することではないでしょうか。以下の描写は、向こうの世界の美しさ、銀河の河床の後光とか円光とか、あの世のすごさです。

また細かいことを言いますと、プリオシン海岸で、

二人は、その白い岩の上を、一生けん命汽車におくれないやうに走りました。そしてほんたうに、風のやうに走れたのです。息も切れず膝《ひざ》もあつくなりませんでした。

というところは、自分はたしかに体をもってはいるんだけれども、普通の体とはまったく違うという奇妙なあの瀕死の感覚と照応します。

それから「鳥を捕る人」。私の想像、ファンタジーになりますが、この鳥を捕る人は、人間たちの魂を捕まえている人という印象を受けました。鳥というのは人間の魂の象徴として世界中ど

こでも見られる話です。この捕らえられた魂がどこへ行くのかわかりませんが、鳥を捕る人の動きがいくつか描かれ、ふっといつの間にかいなくなってしまったりする。

「ジョバンニの切符」で、「切符を拝見いたします。」と突然車掌が言います。こういうところが宮澤賢治の何とも言えないユーモアで、唐突に現実的なものがパッとはいってくることによって、すごいユーモアを発揮させる。ジョバンニは実際切符がないのであわててしまったり、もじもじしたりする。

「これは三次空間の方からお持ちになったのですか。」

車掌がたづねました。

「何だかわかりません。」もう大丈夫だと安心しながらジョバンニはそっちを見あげてくつくつ笑ひました。

この世ならぬ空想の中にフッとこの世がはいってきたりするこういう会話、これは宮澤賢治的ユーモアの特徴です。前にも述べたように正しい合理精神をもっていたということと、現実認識が、かっちり嚙み合っていた。

このあたりで、もう鳥を捕る人は姿を消してしまいます。あと苹果《りんご》の匂いとか野茨《のいばら》の匂いがするというところがあるんですが、瀕死体験談の中には匂いはあまり出てきませんが、ひょっとしたら非常に感覚の鋭い人はそういう体験をするかも知れません。たとえば夢。夢で匂いがすることは大変少ない。声だけ聞こえるというのはある程度あります。味わうというのは声よりやや少なくなる。匂いになるともっと少なくなるのです。宮澤賢治のような人になると、こんな事態になっても、聴覚、味覚、臭覚、これら全部が働いているのではないか、これは想像ですけれども。

それから船が氷山にぶつかって沈む挿話の数々——タイタニック号の体験がたしかにここにはいっていると思います。おそらく賢治にとっては衝撃的な事件だったのでしょう。その中で死んでゆく人、助かった人、それから自分の命を捨てて人を助けた人、などなど宮澤賢治の人生観にとっては非常に多くを考えさせられる体験であった。

一人の青年が述懐します。

けれどもそこからボートまでのところにはまだまだ小さな子どもたちや親たちやなんか居て、とても押しのける勇気がなかったのです。それでもわたくしはどうしてもこの方たちをお助けするのが私の義務だと思ひましたから前にゐる子どもらを押しのけようとしました。けれどもまたそんなにして助けてあげるよりはこのまゝ神のお前にみんなで行く方がほんたうにこの方たちの幸福だとも思ひました。それからまたその神にそむく罪はわたくしひとりでしょってぜひとも助けてあげようと思ひました。

この人の命に関するジレンマがうまく表されています。自分が本当に死のほうへどんどん近づいていくほど、こういうジレンマはほとんど消えうせて透明になってしまうのじゃないか。だからたしかこのタイタニック号を思わせるボートの人たちは途中で降りてしまいます。この青年の抱えている問題も、ずっともっていくのではなくて、途中で透明な体験の中に消えていったんじゃないか、という感じがします。

ムーディの「典型」でも、瀕死体験のときに、ある声を聞く、誰かわからないけれども不思議な声が聞こえてきたという報告が多いのです。『銀河鉄道の夜』でも、セロのような声色がよく出てきまして、瀕死体験との類似性を感知できます。

実際の瀕死体験をした人が強調することに、本当の、形容しがたい孤独感あるいは淋しさということがあります。『銀河鉄道の夜』にも非常にうまく書かれています。

（どうして僕はこんなにかなしいのだらう。僕はもっとこゝろもちをきれいに大きくもたなければいけない。あすこの岸のずうっと向ふにまるでけむりのやうな小さな青い火が見える。あれはほんたうにしづかでつめたい。僕はあれをよく見てこゝろもちをしづめるんだ。）

このような直接的に悲しいとか淋しいとかいう表現だけではなく、読んでいる私たちがもっと透明な悲しさ淋しさを感じる、絶対的な孤独を感じさせるところがいっぱいあります。そして同時に、だんだん心もちが明るくなったりとか、ジョバンニとカムパネルラが思わず笑ったり、跳ね上がりたいように気持ちが軽くなってきたりとか、非常な悲しみの後でだんだん明るさが出てくるのも瀕死体験と似ています。

やって来た青年との会話の中で、神様についての話し合いがあって、

「そんな神さまうその神さまだい。」

「あなたの神さまうその神さまよ。」

「さうぢゃないよ。」

「あなたの神さまってどんな神さまですか。」青年は笑ひながら云ひました。

「ぼくほんたうはよく知りません、けれどもそんなんでなしにほんたうのたった一人の神さまです。」

「ほんたうの神さまはもちろんたった一人です。」

「あゝ、そんなんでなしにたったひとりのほんたうのほんたうの神さまです。」

「だからさうぢゃありませんか。わたくしはあなた方がいまにそのほんたうの神さまの前にわたくしたちとお会ひになることを祈ります。」

これは一神教か多神教かというレベルを超えて、〝光〟と言うか、誰をも包んでくれるような大きな存在、そういうものを何か言葉でうまく言いたい。ところが自分たちとこの青年の間にはこだわりがあって、それが本当の神様なのか、唯一の神様なのかというふうな会話をしているのですが、「あゝ、そんなんでなしにたったひとりのほんたうのほんたうの神さまです」というところに、賢治の言いたい、表現したい絶対者の姿がよく出ているように思います。

フッと気がつくと結局彼は一人になっている。

ジョバンニはまるで鉄砲丸《だま》のやうに立ちあがりました。そして誰にも聞こえないやうに窓の外へからだを乗り出して力いっぱいはげしく胸をうって叫びそれからもう咽喉いっぱい泣きだしました。

これはあの透明な孤独感とは異なり、この世の悲しみの表現である。カムパネルラから離れてジョバンニは帰ってくるわけですが、例の声が面白いことを言ってなぐさめてくれる。これも初期稿ですが、

もしおまへがほんたうに勉強して実験でちゃんとほんたうの考とうその考とを分けてしまへばその実験の方法さへきまればもう信仰も化学と同じやうになる。

と。これはおそらく宮澤賢治が理想として心に描いていたことではないか。彼の合理性がとことん科学的に現実を追求していくということと、信仰とは、どこかで一つになるのではないか。最近、私は科学と宗教の接点を問題にしていこうとしているのですが、そういう時代が二十一世紀になって近づいてくると思うのです。『銀河鉄道の夜』はそういう方向を先取りして、語られている感じがします。

# 宮澤賢治の死生観

宮澤賢治の死生観は、彼の残した多くの童話、詩、書簡の半言隻句の中にも、すみずみまで滲み透っている感じがする。あるいは彼の人生における一挙手一投足にも、それを見ることができる思いがする。彼の存在があまりにも透徹しているので、どのような断片にも本質がこめられているように感じられるのである。

前項で『銀河鉄道の夜』について論じ、最近一般にも知られてきた瀕死〔臨死〕体験（ニヤ・デス・エクスペリエンス）について述べて、賢治自身も——おそらく妹とし子の死の際に——瀕死体験をもち、それを基にして『銀河鉄道の夜』を書いたのではないかと推察した。もちろん、賢治が瀕死体験をもったかどうか確実に調べることはできないが、賢治が生死の境のすれすれの域にまで達したことのある人だとは、その作品から言うことができる、と思われる。

普通の人間の意識は、ものごとを区別することから始まる。混沌とした未分化な世界が天と地、光と闇、善と悪などに分化されてゆく。このような判然とした区別をすることによって人間の意識は確立されてゆく。しかし、眠くなってきたときなどはその区別があいまいになる。ところで、眠くなったりするのではなく覚醒状態を保ったままで、意識を混沌の原初の世界へまで下降させてゆくようなことが、ある種の天才的な人には可能と思われる。そのような意識は、何かを「つき抜けた」ような透徹さをもち、普通の人間どもが大切にしている、生と死、人間と動物などの区別が取り払われて、世界がまるごとの本来の姿を露呈してくるのを「見る」ことができる。それは通常の人間の体験する幻や空想と異なり、明々白々として見えてくるのである。

『銀河鉄道の夜』について論じたので、その後も賢治の作品を読みかえしていると、先に述べたような意識のあり方が賢治の特徴として浮かびあがってきて、『宗教と科学の接点』について筆者がいろいろと論じたことの生きた事例が宮澤賢治である、と思えてきたのである。そして、賢治を評する最も適切な言葉として、「魂の科学者」という語が浮かんできた。

賢治のような境地にまで降りてゆくと、生と死との区別さえあいまいになる、魂の領域と呼びたいところに立って、彼はその場を「科学する」。その体験を記述する言葉は、彼にとってはひとつであるが、一般人の意識でそれを見ると、「詩」と「科学」という歴然と区別され相容れない言語に分類されることになるのだ。普通には両立し難い、詩人と科学者という資質が賢治には共に備わっているという秘密は、このようなところにある、と思われる。彼にとって、それらは両立し難いのではなく、ひとつのことなのである。

生と死とが区別されないほどの境地では、もちろん、人間と動物の区別もなくなるだろう。植物だって同等だろう。賢治が生きとし生けるものの、どのような命をもどれほどいとしんだかは、多くの作品の中によく示されている。極端な場合、雑草を抜くのでさえ、「聖物毀損の罪」にあたると、彼は「雑草」という詩の中で表現している。そのような彼がビヂテリアン［ベジタリアン］であったことは、むしろ当然すぎるほどのことである。

前述したような意識にまで到達してゆく態度を「宗教的」と呼んでいいだろう。そこで、その人の「見た」ことを基にして、何らかの「教義」をつくり、その絶対的真を主張するとき、それはなんらかの「宗派」に属することになる。しかし、教義として主張するのではなく、そこで自分の「見た」ことを記述しようとする。しかも、できる限り正確にしようと努めるとき、それは宗教家という一般に誤解される表現よりも、むしろ、「魂の科学者」と言うほうがぴったりだと思うのである。特に、何らかの「教義」によって、世界のすべてが律せられると考えるのではなく、「科学者」であるためには、その人は、意識の限りない下降に続いて、そこで見た事象を忘れることなく意識の上昇を行ない、通常人と変わらぬ意識でも世界を見つつ、異なる意識で体験したこととの関係について、よく弁《わきま》えていることが大切である。

どちらが真でどちらが偽か、といった二者択一的な論理に身をゆだねることなく、両者の中間にあって不安定にならず、余裕をもってものを見る態度ができていないといけない。非合理の世界に目をそむけないが、合理性も人より強くもっていなくてはならないのだ。

宮澤賢治の前述したような態度をよく反映しているものとして、『ビヂテリアン大祭』を取りあげてみよう。『銀河鉄道の夜』などの作品が、この世ならぬ透徹した賢治の死生観を示すとするならば、『ビヂテリアン大祭』は、そのような世界が、われわれ普通の人間の知っている世界とどうつながっているのかをよく示してくれるのである。

『ビヂテリアン大祭』は、その大祭を盛りあげるために、ビヂテリアンの数人が「異教」の人に変装し、「偏狭非学術的なるビヂテリアンを排せ」というアジビラを配ったり、演説をしたりする。それに対してビヂテリアンのほうも反論を述べる、という形で話が展開する。これを読むと、賢治が単純に素朴にビヂテリアンになったのではなく、合理的な見方を積み重ね、反対意見も十分考慮にいれた上で決定したことがよくわかるのである。自分の決定したことの反対の考えを、ここまで徹底してうまく書ける人は珍しいのではなかろうか。

いったん下降した意識が上昇してくると、この世界の現象のひとつひとつにかけがえのない「いのち」を見ることができる。それは極端に言えば、ひとつひとつの塵にも仏が含まれているということになろう。

賢治の最晩年の書簡に（昭和八年九月十一日、柳原昌悦あて）、「風のなかを自由にあるけるとか、はっきりした声で何時間も話ができるとか、じぶんの兄弟のために何円かを手伝へるとかいふやうなことはできないものから見れば神の業にも均しいものです」というのがある。病床の賢治が「普通に健康であること」がどれほど素晴らしいかを、率直に表現していると思われ、そのことも大切ではあるが、賢治の目から見るとき、「風のなかを自由に歩く」ことも、すべての日常の行為そのものが、深い宗教的なことであり、存在の深みを実感することだったからこそ、このように述べていることも知るべきであろう。賢治のような深い宗教体験からは、行ないすました聖者のような人物は生まれてこず、嬉しかったら笑い、悲しかったら泣き、まったく普通としか見えない生き方が、生死を超えて生じてくるのであろう。

# 『ぼんぼん』とトリックスター
## 今江祥智『ぼんぼん』を読んで

### 1　コンステレーション

今江祥智の『ぼんぼん』は星座のことから話が始まる。昭和十六年五月二十九日、主人公の小松洋は兄の洋次郎と共に、当時、最新式ともてはやされたプラネタリウムを見にきているのだ。「日本に一台しかない」プラネタリウムの映し出す夜空の光景に、兄弟は感嘆したが、彼らは次に思いがけない事実を知らされる。それは、北の空に不動の地位を占めていると思われる北極星も、その場所が変わってしまう、というのである。「今から十万年後には」と言う、解説者の声と共に、機械は一瞬のうちにその変化を映し出し、北斗七星は「ひしゃく」の形を崩してしまい、北極星の位置には、織女星が輝くことになる。中学一年生と小学四年生の男の子たちは、これには強い衝撃を受けた。「その日、兄弟の頭のなかで、〝ゼッタイに変わらぬはずのもの〟が一つ、静かにくずれたのだった」。

これは物語の幕明けとして、素晴らしい効果をもつ叙述である。『ぼんぼん』の解説を書いた上野瞭は、「作者はここで、これから始まる物語全体の主旋律を、きわめて象徴的に打ちだしているのである。どのように確かなものも絶対的ではない。流動可変の中にわれわれの生はある」(1)と述べている。実際、二人の少年たちの父親はそれから一週間後に急死するし、その後、三、四年のうちに、「神国」と信じていた日本は敗戦へと追いやられるのである。その間に、彼らの兄は戦死するし、家は空襲で焼かれてしまった。この物語の最後のあたりで、洋が述懐するところがある。「ぼくとこは何もかものうなってしもて――昔は死んでしもたンや……」。たしかに、昔はみんな死に、絶対不変と信じていたものが、変化してしまったのである。とすると、この物語は、十万年間の変化の過程を描き出したもの、と言っていいかも知れない。外的には、それは四年間の変化であった。しかし、洋の心の中では、十万年ほどの時間が経過していたのである。『ぼんぼん』に見事に描き出されている「戦争《いくさ》」は、したがって、小学四年生の洋の内面の世界に生じている戦いでもあったのである。十万年の経過の中で、洋の内面の星座は、その配置をずいぶんと変化させるのだ。

主人公、洋をとりまくコンステレーションは、彼にとって重要なものとしての、父、母、兄の洋次郎、それから少し離れた位置にある、もう一人の兄、洋一などによってできあがっていた。北極星とも思える父を中心として、それはきわめて安定した星座を形づくっていた。『ぼんぼん』に語られる生活は、今聞いても羨ましくなるような、大阪の裕福で肩のこらない楽しい家庭のありようである。このような安定は、すなわち、洋の内面の世界における安定でもあった。しかし、この安定した星座に、ひとつの遊星が接近しつつあったのだ。

プラネタリウムで星を見ているとき、洋は近くにいる女の子の澄んだ声が、彼の心の深みまでとおってくるのを感じていた。洋は科学館を出るときに少女が忘れていった麦わら帽子を手渡してやることで、その少女に近づくことになる。

少女はたしかにあの麦わら帽子にぴったりの、ひきしまった小さな顔の持主だったが、色はぬけるほど白かった。それに、黒い長い髪の毛が、顔の白さをいっそうひきたてていた。まぶしいみたいに白いわ、と洋次郎がまるでお日さんをじかに見たときのように目を細めたとき、――少女のほうからさっさと洋の手を握った。それから、にっと笑うと、くるんとまわれ右していってしまった。洋次郎の目の奥には目も鼻も口もない、まぶしいくらい白い顔だけがやきついていて――道であってもわかりそうになかった。

異性の接近は、家族のコンステレーションを変化させる最も強い要因と言っていいだろう。名前も知らない初対面の、麦わら帽子の少女の手を握ったとき、洋の内面の世界では大きい変化が生じていたのである。その変化は、彼の想像をはるかに超えたものであり、父の急死という事件に引き続いて、日本の国中を動かした大変動の中に、彼はまきこまれてゆく。その過程が『ぼんぼん』の中に述べられるのだが、ここで、主人公の洋が小学四年生である点に注目して、この年齢の子どもの内面がどのようなものであるかを、作品に則して考えてみることにしよう。

## 2　小学四年生

小学四年生というのは、われわれ心理学者にとって興味深い年齢である。（と言っても平均的なことであって、以下述べるような心性は、個人によって小学三年あるいは五年くらいのときに体験することもあろう。）人間の成長発達には、重要な節目《ふしめ》というものがある。一般によく知られている、第一反抗期、第二反抗期などは、そのわかりやすいものである。たしかに、第二反抗期と言われるころは、個人にとってきわめて大切な時期である。それは既製のシステムを壊して、新しいものをつくり出す努力をなさねばならぬときである。しかし、小学四年生のころは、その前哨戦のような時期である。この年齢のときに、子どもは子どもなりの自我を確立しようとする。そのようにしてできあがってきた自我は、次に性の衝動をどう受けとめるかという大変な仕事に取り組まねばならず、それが青年期の課題となるのだが、小学四年生は未だそのような課題とは直接かかわりをもたない。しかし、両親の庇護を離れ、何か自分なりの世界をもたねばならぬという、言い難い自負と不安を共に体験する時期なのである。

洋少年が体験した、父親の死に続く戦争体験、心ならずも見た「地獄」の光景などは、すべて、小学四年生の男の子の心の深層において、生起していることなのである。われわれ大人は、現在の平和の時代に暮らしている子どもたちも、このような凄まじい内的な体験をしていることを忘れてはならない。洋少年はその内界のドラマに匹敵する外的経験をする運命に置かれていた。小学四年生の少年は、父親、ひろばあちゃん、洋一兄さん、それにあれほども素晴らしかった佐脇さん、などと実に多くの人の死を経験しなくてはならなかったが、上野瞭も指摘するように、少年が自立するための「通過儀礼《イニシエーション》」として、これらのすべてのことは必要だったのである。ただし、このような心の深層で生じている通過儀礼は、すべての少年たちが意識的に把握するとは限らない。むしろ、それらは多くの場合、無意識のうちに行なわれるのである。ただ、洋少年は幸か不幸か、内面のドラマに匹敵する外的状況の中にいたのである。そして、『ぼんぼん』がきわめて個人的な体験を描き出しながら、広い普遍性をもつのも、そのためである。これは一人の少年の戦争体験の記述を超えて、少年の内界についての普遍的な事実を語っているのである。

小学四年生の子が子どもなりに自我を確立してゆくさまは、『ぼんぼん』の随所に描かれている。洋が成長してゆくためのひとつのモデルを提供するのは、兄の洋次郎である。洋にとって、兄は知力も腕力も自分より優れている大先輩である。この兄弟の間に存在する愛情と、男兄弟に特有の葛藤とは、巧みに描写されていて、思わず微笑したくなるものがある。洋次郎のプラネタリウムに関する得意気な説明、なかなか荒っぽい水泳の教授法など、兄弟の関係が生き生きと描写されている。ところが、洋の兄に対する態度は微妙な変化をみせてくる。そのハイライトは次のようにして生じる。

洋次郎は日本の軍国主義にどんどん同一化してゆくのに対して、洋のほうはそれに引き入れられながらも、どこかで疑問を感じている。彼のもつ「優しさ」――それは軍国主義とまったく相反するものだ――が、そうさせるのである。洋の同級生の兄がスパイ容疑をかけられたところで、洋次郎と洋の心のずれは急に拡大され、兄は弟を平手打ちする。洋はその夜にはじめて日記をつけ、「今日のうなったもん――にいちゃんとぼくとのあいだにあった何か……」と書く。

自我を確立しようとする人は、他人――それも親しい人――との分離を体験しなくてはならない。それは悲しく淋しいことではあるが、決して避けることのできないものである。この孤独に耐えうる人は、分離した相手と今までとは異なる次元での関係を再びつくり出すことができる。「にいちゃんとぼくとのあいだにあった何か……」、それは洋少年の成長を支えてきた兄弟間の甘い関係であった。それはじゃれ合っている子猫たちの関係のように楽しく甘いものであったが、小学四年生として、「自分の考え」をもちはじめた洋にとっては、その関係をそのまま維持してゆくことは、むしろ彼の成長を阻止するものとしてはたらくものであった。成長するためには古い絆は断ち切られねばならない。洋と洋次郎との間にかわされるやりとりを、そのような古い絆が断ち切られ、新しい絆がつくられてゆく過程として見ると、なかなか興味深いものがある。

洋の人格形成にあたって、兄の洋次郎の与えた影響は大きいが、佐脇さんという人物の役割も決して見逃すことはできない。『ぼんぼん』を読んで、佐脇さんに惹きつけられた読者は多いのではなかろうか。上野瞭も「この物語の魅力は半ば以上は、この佐脇さんを、大胆かつ細心のユニークなキャラクターとして設定し、洋たち一家と関わらせたところからきている」と明言している。この佐脇さんという魅力ある人物について、次に考えてみることにしよう。

## 3 トリックスター

父親の亡き後、小松家では「たとえとしより一人でも、猫よりはにぎやかやろかいよ」とやって来た、洋の祖母、ひろばあちゃんが、しゃっきりとして父親のような役割を演じることになる。しかし、洋をとりまくコンステレーションの変動はとどまるところを知らず、せっかくのひろばあちゃんもすぐ亡くなってしまう。「半年のうちに二度も葬式をだし」、「音が消え」てしまった小松家に、佐脇さんがやって来る。洋の伯父のはからいで佐脇さんは小松家に同居することになるのだが、彼は「もう六十歳というのに、きりきりしゃんとしまった体つき、顔つきの小柄な老人であった。伯父は佐脇さんを男衆《おとこし》さんとして入れたつもりだったが、やがてこの老人が、兄弟にとってほんとの祖父以上の存在になろうとは、だれも知らなかった」ということになる。

佐脇さんは兄弟にとって「ほんとの祖父以上の存在」と言うか、文字どおり魂の導者《サイコ・ポンプ》となって活躍する。魂の導者《サイコ・ポンプ》と言っても、佐脇さんは安直な児童読み物に登場するような、道学者先生ではない。彼の特性はまさに複雑であり、その中に多くの二律背反性を内包している。佐脇さんは老人である。彼のもつ「老人の知恵」は、少年たちを導くために大いに役立っている。しかし、彼の肉体は若者をしのぐ強さと敏捷さをもっている。彼は、けんかをやらせても強いが、「ふすま絵」を描かせても、目を見はらせる腕前である。「狸汁」をつくらせてもうまい。佐脇さんは女性の優しさと男性の強さをあわせもっている。彼は少年たちの導き手として、「正しいこと」にこりかたまっているのではない。悪ふざけも好きだし、いたずらもする。そのことは、彼が海軍少佐に変装するところで、そのハイライトを迎える。

洋次郎は水泳部なのだが、プールが「大日本帝国陸海軍軍隊」の使用のために、生徒たちの使用を禁止されている。洋次郎はそのわけを知りたいと思うが「軍の機密」で絶対に駄目である。洋次郎の気持ちを察した佐脇さんは、一世一代の大芝居で海軍少佐に変装し、プールで訓練中の陸軍の中に乗りこんでゆき、秘密を探り出してくる。これは命がけのいたずらである。佐脇さんは自分の主人である少年、洋次郎の悩みを取り除くために、文字どおり命を賭けて仕事をしたのである。しかし、これはまったく純粋に洋次郎のためになることであっただろうか。

洋次郎は佐脇さんの活躍によって、自分の知りたい秘密がわかったのを喜びながら、何か不機嫌になってゆくのを感じていた。それは、佐脇さんの「決死行」によって、彼がそれまで絶対視していた「大日本帝国軍隊の姿にしみがついた気がしたから」である。佐脇さんという存在は複雑である。彼は一方では、彼の主人である洋次郎の意図を満足させながら、他方では、洋次郎のもつ絶対的な価値観をゆすぶる行為をやっているのである。そのことは、洋次郎が佐脇さんの複雑さについて考えながら寝た夜に見た夢にうまく表されている。夢の中では、弟の洋が洋次郎の兄になっていて、その兄に向かって洋次郎は、「洋にいちゃん、おっちゃんはひょっとすると火星人……」と話しかけるのだ。佐脇さんの存在は既成の秩序を顚倒させる。兄が弟になり、弟が兄になる。そして、彼はこの世とは異なる秩序をもった世界に住んでいるのである。

このように佐脇さんの特性を記述してくると、すでにお気づきの方も多いと思うが、佐脇さんはトリックスターの典型なのである。トリックスターとは、人類のもつ多くの神話や昔話に登場する、いたずら者で変幻自在の活躍をし、「文明のそもそものはじめから、特別に、また永遠に訴える力と、人類にとっては珍しい魅力とをもった人物[2]」なのである。トリックスターは策略に富み、行動力、破壊力があり、秩序の破壊者となるが、それによってこそ新しい秩序がもたらされることにもなる。それは低次元においては、単なるいたずら者であるが、高次元においては、英雄または救済者に近似するものとなる。児童文学の中で一例をあげると、カニグズバーグの『ジョコンダ夫人の肖像』に登場するサライは、トリックスターの典型である（サライについてはすでに一四〜一七頁に述べた）。佐脇さんのトリックスターぶりを明らかにするために、次にグリムの昔話「忠臣ヨハネス」と比較対照してみることにしよう。

『ぼんぼん』の作者はヨハネスはおろかトリックスターのことなど考えずに、父を失った少年たちの導者として最もふさわしい人物像を、心の中から生み出してきたに違いない。しかし、そのようなあくまで個別的な特性をもったものこそ、常に深い次元において普遍性につながるのであろう。したがって、日本の児童文学中の人物が、遠くヨーロッパの昔話の人物と、その骨組みにおいて類似の姿を呈することになるのであろう。

## 4　佐脇さんと「忠臣ヨハネス」

グリムの昔話「忠臣ヨハネス」の中の、ヨハネスのトリックスター性についてはすでに論じたので[3]、詳しくはそれを参考にしていただきたい。次に「忠臣ヨハネス」の話を要約して紹介しておこう。

年老いた王が死の床についたとき、忠臣ヨハネスを呼び王子の補佐を依頼する。老王は城の中にある一室だけは王子に見せないように遺言して死ぬ。王子はヨハネスの忠告をふり切って禁止された室を開け、そこに「黄金葺《こがねぶ》きの館の王女」の絵姿を見て、恋に陥る。ヨハネスは、王子の想いを遂げてやるため策略を考える。王女が黄金が好きであることを知り、黄金細工の商人に王子とヨハネスは変装し、うまく王女を船の中におびき入れ、国へ連れもどし、船の中で王子は求婚して承諾を得る。王子は喜ぶが、ヨハネスは烏《からす》の話し合っているのを聞き、王子に危険が迫っているのを知る。ヨハネスは烏に聞いたことをもとにして王子の意志に逆らって王子を救う。しかし、そのとき真実を語ったために石に化してしまう。王子と王女の間には双子の子どもができる。石化したヨハネスの言葉により、王子は自分の子を殺し血によってヨハネスを蘇生させる。ヨハネスはそこで子どもたちを生き返らせ、話はめでたく終わる。

この物語におけるヨハネスは、多くの点で佐脇さんと類似している。まず、父親の死後、子どもたちを助ける「忠臣」であること。行動力や策略に富んでいて、トリックスターのお得意である「変装」に巧みであること。主人公を女性と結びつける重要な役割を演じること。真実を語ることによって、ヨハネスは石化し、佐脇さんは命を失うこと、などである。このように列《なら》べたてると、類似点が多いのに驚かされるのである。

ヨハネスの物語で老王が死に王子がその代わりとなることは、旧秩序が滅び新しい秩序がもたらされることを意味している。老王がそれまで自らの組織に組みこむことのできなかった「黄金葺きの館の王女」を取り入れることにより新しい秩序がもたらされる。『ぼんぼん』の物語では、古い軍国主義の日本が壊れ新しい日本が生まれるのであるし、それはすでに述べたように洋少年の内面の世界においても、破壊と再建の過程は生じているのである。そのとき洋の父は、ヨハネスの老王のような単純な存在ではない。『ぼんぼん』の随所に示されているように、彼の父はむしろ軍国日本には反対の側に立つ感じである。したがって、「忠臣ヨハネス」では、ヨハネスが老王の遺言とは逆に、王子と女性の間をとりもつことになるが、『ぼんぼん』では、佐脇さんは「父親の遺言」を盾にとって、時流にさからって、洋と女の子の間をとりもつことになる。

トリックスターは中心と周辺を結ぶ役割をもつものである。ヨハネスは老王を中心とする国と、その周辺に存在する黄金葺きの館の王女とを結ぶ役割をする。『ぼんぼん』に描かれた当時の日本において、中心に存在するのは軍国主義であった。中心に近く存在する洋次郎と、ともすれば中心からはずれそうな洋。しかし、小松家の家庭内ではこの関係が逆転する感があった。佐脇さんは洋次郎と洋の間を、時には彼らの意志に逆らうようなことをしながら、うまく取りもってゆく。

戦争もだんだんと激化してきたとき、小松家に一匹の猫が舞いこんできた。それに当時の首相の名をとり「トージョーハン」と名づけようと提案したのは洋次郎であり、それは命がけのことだと不安を示したのは佐脇さんであった。ここにトリックスターの役割が交代している。このようなことは、中心部の秩序のしめつけがきつく、単層的になりすぎるときによく生じることだ。中心にいるマジメな人間がそれに耐えられなくなり、無意識のうちに慣れないトリックスター役を背負うことになる。これはきわめて危険なことだ。事実、このことは佐脇さんの命を奪うことにつながってゆくのである。

「真実」を語ることによって命を失う佐脇さんの最期は、胸を痛ましめる。ヨハネスは真実を語ることによって石化した。昔話においては、石化したヨハネスのあがないの話が語られるが、佐脇さんの場合はどうか。この点は後に触れるとして、洋が佐脇さんの助けを借りて接触することのできた、女の子たちについて先に考えることにしよう。

## 5　女の子

『ぼんぼん』には、二人の重要な女の子が登場する。すでに紹介したように電気科学館に遊星のように出現した島恵津子と、洋の同級生である白石なぎさである。この二人は、戦争という暗いイメージの中で、洋の周辺に豊かな色彩を与えるのだが、物語の終わりには二人とも消え去ってしまうのである。「忠臣ヨハネス」では、王子と王女の結婚があった。『ぼんぼん』では、二人の女の子が二人ともに消えてゆくのだが、この差は西洋と日本の差と言うよりも、洋が小学四年生であるという事実が大きいと思われる。小学四年というのがどんな時であるかはすでに述べた。男性の自我確立は、常に女性を必要とする。小学四年生は四年生なりに、女の子に対する関心を示すものである。それは時には相当な親密さにまで至ることもある。ところが、多くの場合、その関係は急激に薄れてゆくものである。子どもなりの自我を確立した男の子は、女の子よりも、男の仲間、外界の知識などに急激な関心を増すようになり、その後は女性に対してしばらく無関心と言ってもよいような時期を迎えるのである。

洋は空襲によって別れた、なぎさちゃんと連絡をとろうと努力すればとれたであろう。せっかく、京都まで訪ねていった恵津ちゃんが留守と知ったとき、置手紙を残してもいいだろうし、また再訪してもよかったであろう。しかし、洋の心の中では何かが――戦争も終わったように――終わったのである。恵津ちゃんの留守は、洋の心の奥底で予期されていたようなところがある。これでよかったのである。洋はしばらく、女の子の世界から遠ざかることによって人格形成の道を歩むことになるのだ。それにしても、この二人の女の子たちは、洋にとって、どんな意味をもったのであろうか。
洋は電気科学館の暗闇の中で、誰か、女の子の澄んでよくとおる声をきく。星空の解説を聞く間も、この未知の女の子の存在は、洋の心に影を落としていたのであろう。帰るときになって、洋は女の子が麦わら帽子を忘れていったことに気づいた。

——あの子、忘れていきよったな。
洋が声をあげた。
——あ、あ、あの子やと？
洋次郎は、けげんなようすで問い返し、……

この二人の少年の会話は印象的である。洋の心をその後も占め続けた女性は、「あの子」なのである。それは島恵津子と名づけられたり、白石なぎさと名づけられたりする。しかし、その本質は「あの子」なのである。二人の少年が島恵津子に最初に会ったときの描写は、すでに引用しておいた。少年たちの心にやきついた彼女の顔は、「目も鼻も口もない、まぶしいくらい白い顔」であり、「お日さんをじかに見たときのよう」なまぶしさを与えるものであった。それは限りなく輝かしいものであったが、一人の人間としての個性——目や鼻や口——をそなえた存在ではなかった。

当時の軍国日本には珍しく、佐脇さんというトリックスターに助けられ、洋は恵津ちゃんや、なぎさちゃんとつき合うことができた。洋と二人の女の子の間のエピソードは、ほほえましく、心をなごませるものがあるが、このようなエピソードの積み重ねによって、二人の女の子の個性が明らかになるということはない。つまり、小学四年生の男の子の心の中に住む女の子は、「父母未生以前」より知り合っているような親しさと、どれほど親しくしても未知であることをあわせもった、非個性的な「あの子」なのである。今江祥智のその他の作品にも、そのような「あの子」はよく登場し、それは巧みに描かれているので、多くの男性読者を惹きつけるであろう。男どもは「あの子」の話なら、何度繰り返してもあくことはない。それは男の心の中の未知の部分を常にかきたてるからである。

しかし、おそらく女性たちは、この繰り返しに耐え難いのではなかろうか。もっと「個性をもった」女の子の登場を期待するであろう。このような女性たちは、電気科学館の解説がどんなに難しかろうとも、恵津ちゃんのように「眠とうなってきてしもた」りはしないことであろう。しかしながら、小学四年生くらいの女の子は、個性をもったものとして描き出すのは不可能と言っていいぐらいの存在なのである。彼女たちはまだまだ大地の中に眠っていて、芽を外界には出していないのである。その証拠に、児童文学の世界で、このくらいの年齢の個性ある女の子が主人公となっている作品は、ほとんどないと言っていいのではなかろうか。おなじみの「点子ちゃん」「ピッピ」などは、きわめて男性的な要素をもつことを特徴としている。「アリス」は、筆者がここに述べているような意味での、物語の主人公でないことは明らかである。「不思議の国」を見るためには、彼女の存在は不可欠である。しかし、彼女の役割は、きわめて非個性的にそこに存在することなのである。

## 6　不変のもの

少し余計なことを書きすぎたが、急いで話の結末のほうに注意をむけることにしよう。洋少年は四年間ほどの間に、内的には十万年に等しいほどの変化を体験した。少年にとって不変と思われたものは、何もかも変化した。父親の死を筆頭に多くの人が死に、家も焼けてしまった。彼の人生を色どるかに見えた二人の女の子も視界から消え去った。いったい、何が不変であるのか。兄の洋次郎は、いち早く新しい中心を見出しているようであった。彼は時流の中で中心となるものに、すぐに同一化できる才能をもっている。洋は、軍国時代にもどこかで中心からはずれていたように、終戦後もどこか時流の中心には、はいってゆけない。京都に恵津ちゃんを訪ね留守と知ったとき、彼は京の町を歩きながら、「昔は死んでしもうたンや……」と述懐する。しかし、四条通りに出た彼は、思いがけず、おはやしの鉦《かね》太鼓の音を耳にする。

### シャンチキションション

チャンシキチョン……

おはやしは明るくにぎやかで、夏の陽と暑さによく似あった。洋は近づくにつれて見あげていかねばならない鉾をじっと見すえながら、

（ここでは何もかわらへんな。そやけどうちはみなかわった。かわった、かわってしもた……）

と心のすみっこで呪文のようにつぶやいていた。

たしかに、何もかも変わってしまった。しかし、やはり不変のものは存在した。あらゆるものが変わり、神国日本が壊滅した後に、不変のものとして登場したのは、日本の神であった。洋はおそらく、祇園祭によって祭られている神が、スサノオであることを知ってはいまい。しかし、スサノオこそ日本神話のパンテオンの中で、最も華々しい活躍をするトリックスターなのである。彼はパンテオンの中心に存在するものではない。しかし、中心としての高天原に侵入し、中心と周辺を結ぶ役割を遂げた神である。侵入し、追いやられ、復活し、日本神話の全体にダイナミックな構造をもたらした神である。

石化したヨハネスは、王子と王女が自分たちの子の血によるあがないによって、再生した。終戦時に真実を語ることによって、命を失った佐脇さんはどのようにして、あがなわれるのか。スサノオを祭る祇園祭のおはやしは、それについての多くの示唆を与えてくれるようである。しかし、その点についての考察は読者の今後の課題として残しておくことにしよう。

（1）上野瞭「解説」今江祥智『ぼんぼん』（今江祥智の本・第5巻）、理論社、一九八〇、所収
以後、上野からの引用はこの「解説」による。
（2）P・ラディン、K・ケレーニイ、C・G・ユング　皆河宗一、高橋英夫、河合隼雄訳『トリックスター』晶文社、一九七四
なお、トリックスターについては、河合隼雄『影の現象学』講談社、一九八七、を参照されたい。
（3）河合隼雄『昔話の深層』福音館書店、一九七七

# ファンタジーの素晴らしさ

## 今江祥智『海賊の歌がきこえる』

今江祥智さんの『海賊の歌がきこえる』（理論社）は愉快な作品である。読了して、私もすぐに《海賊の歌》をでたらめのふしをつけて、「アイアイサア！」と歌い出したくなってしまった。体がわくわくして、歌でも歌いたくなるような、そんな児童文学は本当に素晴らしい。自分の存在全体が揺り動かされるのだ。

それにしてもこれは不思議な物語である。最初のうちは、冬子さんの耳にだけ聞こえていた「声」が、とうとうその正体を現し、冬子さんの先祖の海賊だと言ったばかりではなく、小学校の講堂で教職員一同に講演までして、最後は「刻限でござる」などと言って姿を消してしまった、というのである。こんなこと本当にあるのだろうか。こんなのは、まったくの嘘のでたらめではなかろうか。作者でさえ、最後のところでは、「山崎十郎太おじいさんという、海賊だったご先祖さまのことを、ほんとうにしようとしまいと、むろん、みなさんの自由です」と言っているのである。それなら、どうして作者はこんな話をしたくなったのだろう。

見ることも、聞くことも、触れることもできない存在であるが、それが人間に及ぼす効果はきわめて著しい。そんな存在とは何か。このような謎のような問いを出されたら、皆さんは何と答えますか。なかには「空気」などと答える人もあるだろう。たしかに空気の存在は簡単には確かめられず、その存在を人間はほとんど意識していないが、それが人間に及ぼす効果は大である。それは時に風となって吹き荒れるし、それどころか、空気がなかったら人間はすべて死亡してしまう。しかし、空気も現在の科学の力によると、その存在が立証できるし、重さもあり、成分もわかっている。それでは現在の科学の力によっても存在が立証できないけれど、人間に大きい力をもっているもの、それは何だろう。これに対しては、あるいは、神という答えもあるだろう。私はこれに対して「たましい」と答えるのが好きである。「たましい」などというものが、あるのかどうか本当はわからない。しかし、それがあると思ってみるほうが、人生ははるかに豊かになるようである。

大助のおばあさんは子どものとき、夜の道に迷ってしまった。そのとき、「右！」とか「左！」とかの声が聞こえ、それに従うことによって難を逃れたという。これを、おばあちゃん（と言ってもそのときは少女だったが）の「たましいの声」と考えてみてはどうだろう。われわれは人生における決定的な瞬間に、たましいの声を聞くことはないだろうか。「だめだ、それをしてはならない」とか、「そうだ、その道をまっしぐらに行くのだ」とか。人生で一度も「たましいの声」を聞いたことのない人は不幸な人である。

たましいは「声」としてではなく、姿形をとって顕現してくるときがある。それがファンタジーである。ファンタジーは、人間のたましいが、人間に見たり聞いたりできる形で顕れたものである。

「黒人も白人も誰も、同じ人間として仲良くしよう」とか、「先祖を大切にしましょう」とか言われると、それを聞いたときはそのとおりだと思うかも知れない。しかし、実際に、黒人の同級生ができたら、他の人と同じように仲良くなれるだろうか。あるいは、先祖を大切にと思っても、大変な金もうけの話となると、祖先のことなどどうでもいいと思うのではなかろうか。ここが人間の難しいところである。頭でわかっていても、本当のところはそれになかなか従えないのである。頭でわかるということと、腹の底まで「そうだ」と感じるのとは異なるのである。そして、腹の底まで感じるためには、たましいからの呼びかけが必要なのである。

たましいからの呼びかけのために、山崎十郎太おじいさんはこの世に現れたのである。これが、冬子さんの先祖として出てきたのだから、何よりも冬子さんという存在のためにそれは必要だったのだが、十郎太じいさんは、生徒一同に演説をするのだから、現代の子どもたち、それに先生たちのためにも、たましいからの呼びかけは必要だったのであろう。「たましいからの呼びかけ」が、現代人に対して一番訴えたかったことは何なのだろうか。それは、

「大切なものは心でござる。心で見、心できき、心で人に接することにござる……」

という十郎太じいさんの言葉に端的に示されている。現代のように「もの」が豊富になってくると、人間は「もの」に心を奪われてしまって、「心」のことを忘れてしまう。「もの」を手に入

れるためのお金が大切だと思ったり、人間を判断するときに皮膚の色によって判断したりする。そのとき、海賊十郎太と出会い、その恐ろしさを知った人たちは、頭だけではなく腹の底から、お金より大切なことがあるのを知り、黒人も日本人も同じ人間であることを知ることになる。ここにファンタジーの素晴らしさがある。

このような現代的意義をもって、十郎太はこの世に顕現したのだが、それではどうして冬子さんという少女を経由して出てきたのだろう。別の他の子どもたちの御先祖さまが出てきてもよかったのではないだろうか。このようなとき、われわれはあまり明確に理由は述べられないようである。ただ、冬子さんの性格の良さ、その明るさ、雄々しいところ、良い両親によって守られていること、などがそれにふさわしかったと言えるかも知れない。それに、彼女が東京から関西へ移ってきて不安定だったことも影響しているかも知れない。たましいは、人間が不安に陥ったとき（たとえば、おばあちゃんが昔に道に迷ったとき）に出現してくるのだ。ここからは私の想像だが、ひょっとしたら冬子さんは初潮を迎える年齢だったのかも知れない。そんなとき、「御先祖さま」は、少女のルーツを明らかにし、心を安定させるために顕れてきたのかも知れない。

たましいの声が聞こえたり、それが顕現したりするときは、大変に危険なことであるのも事実である。冬子さんはうっかりすると、精神〔科〕病院おくりになっていたかも知れぬし、「いじめ」の対象になってしまったかも知れない。だから、そんなときには援助が絶対に必要であり、大助君が登場し、続いて石原先生も現れる。このような強力な助けを得てこそ、たましいの顕現が意味深い結果を招くのである。この話の中で、大助君や石原先生が冬子さんを絶対に信頼するところが大切である。相当な信頼関係を土台にしないと、たましいの呼びかけはプラスにならず、むしろ危険性のほうが増大するのである。

なんとかかんとかずいぶんと難しいことを言ってきたが、そんなことをまったく抜きにしてしまって、この物語はなんと楽しく愉快に読めることだろう。しかし、この楽しさ、心の揺れるところ、それが実のところ、たましいの呼びかけがはたらいている証拠でもあるのだ。皆さんも、ここでひとつ、私の先祖にはどんな人がいるのか、それが今ひょっこり出てきたらどんなことになるのか、などと楽しいファンタジーを描いてみてはいかがでしょう。それは自分のたましいを知る道なのです。

## 大人になることの困難さ

### 上野瞭『さらば、おやじどの』

子どもが大人になる、ということはなかなか大変なことである。男の子の場合だと、息子がおやじになる、と言ってもいいかも知れない。息子がおやじになろうとするとき、その目の前に「おやじ」という人物が存在している。いったい、この「おやじ」という人物について、息子はどのように考え、どのように対してゆけばいいのか。これは現代人にとって実に深刻な課題となっている。このような難しい課題との取り組みの中から、この『さらば、おやじどの』（理論社／新潮文庫）が生まれてきた、と考えられる。

近代以前の伝承社会においては、大人になるための成人式というものがうまく機能していた。本書をよく理解するためには、そのことを知っておく必要があると思うので、それについて簡単に述べる。未開社会においては、その社会は完成されたものとして、「そのかみ」につくられたものであり、その社会に加入するためには、それ相応のイニシエーションの儀式というきわめて宗教的な体験をしなくてはならない。子どもたちはその儀式において、親もとからの完全な分離を経験し、なんらかの意味において死と再生の体験をして、その社会へと加入する。そのときに、その社会に伝承されてきた秘儀を長老より教えられ、それを守ることを誓うことによって、その社会の一員としてのアイデンティティを確立するのである。

現代社会においては、そのような儀式は通用しない。社会の「進歩」を大切と考える考え方は、そのかみに完成した社会ができた、などという考えを承認できず、「伝承」は意味を失ってしまう。したがって、現代社会の特徴は、イニシエーションの儀式を社会制度としては棄ててしまったことである。制度は棄てたものの、子どもはいつか大人にならねばならないので、各個人はそれぞれ自分にふさわしいイニシエーションを体験しなくてはならない。ここに現代の若者たちの苦悩が発生する。

本書の主人公、新吾の苦しみはまさにイニシエーションの苦しみであり、ここでは新吾がどのようにして大人になっていったのか、が生き生きと語られるのである。では、現代人の苦悩を語るのに、どうして「ちょんまげの時代」の物語にしたのだろう。これはおそらく、著者が現代のことを、現代ではない時代に移しかえることによって、もう少しわれわれが冷静に、適切な距離をもって、この深刻な問題を見て考えることができるように、という配慮から出てきたことではなかろうか。さりとて、昔々の物語にしてしまっては、現実感が薄くなりすぎる。というわけで、なかなか適切な工夫がされているように思われる。読者は読みながらすぐに感じろだろうが、ここに語られることは、そのまま現代に生きる少年たちの問題そのものである。ただ、そのような仕組みが少し見えすぎるようにも感じられるのだが。

大人になろうとする息子にとって、父は模範でもあるし、邪魔者でもある。新吾の父親に対する、このような揺れ動く心のあり方は本書の中に巧みに描かれている。そして、父―息子という軸にからみつくようにして動く、母と姉のありよう、それに対する新吾の気持ちも的確に表現されている。この年齢の少年たちにとっては、肉親の愛は、自分の自立を妨げるしがらみとして受けとられる。それがひどくなってしまうと、佐平次親子のような極端な悲劇になるのだ。

この話を「ちょんまげの時代」に設定することによって、著者がもうひとつ試みているのは、「お話」をつくりやすくしている、ということであろう。きわめて深刻な課題を取りあげながら、著者の発想の豊かさから、つぎつぎと興味深いお話が流れ出してきて、読者をあきさせないのである。さまざまの人間が登場してきて、それがうまくからみ合って人間模様をつくりあげる。ひとつひとつの話の展開に読者は心を奪われながら、最後のところに来て、これらすべての背後で不気味なプロモーターとなっている秘密を知ることになる。これは話の構成として巧みなだけではなく、現代の少年たちの置かれている恐ろしい状況を実にうまく表現している、と感じさせられる。

イニシエーションの儀式において、伝承社会では、少年たちは古来よりの秘密を明らかにされ、それによってその社会の一員としてのアイデンティティを確立する。ところが、新吾が城代の美《み》馬《ま》さまから明かされた秘密は、彼が決して受けいれることのできないものであった。ここに現代の少年たちが簡単には大人になれない困難さが如実に示されている。

新吾から美馬さまの語った秘密を聞かされた仲間の少年たちも、憤慨するばかりだ。しかし、彼らもそろそろ大人にならなくてはならない。そこで彼らなりに、「最後の大あばれ」「今までの暮しとおさらばするために、こうしようと決めた」「門出の儀式」をすることになった。

彼らはこのような行為によって、果たして「大人」になりえただろうか。未開社会のイニシエーションの儀式は「文明人」から見ると馬鹿げて見えるものが多く、はじめのうちはその馬鹿さ加減を笑いものにしたり、好奇心の対象としたりしていたが、そのうちに研究がすすむにつれ、それがいかに大切なイニシエーションの儀式としての意味をもつかが明らかになってきたのである。これと同様に、新吾たちの最後に行なった一見馬鹿げて見える行為は、彼らにとってのイニシエーションの儀式となりえただろうか。おそらく、それはある程度そうであったにしろ、全面的には成功しなかったであろう。そこには「絶対者」の存在がない。

伝承社会の儀式は、何らかの「絶対者」の存在を仮定している。その点、新吾たちにとっては「絶対者」はいない。大人たちが絶対であるかの如くに言うもの、たとえば、「御法」とか「御城代さま」とか、そんなものは見せかけに過ぎぬことを、本書の主人公新吾は身をもって知ったのである。新吾たちの仲間もそれをうすうす感じていて、ともかく「御法」にたてついて生きてきたのだ。偽《にせ》の「絶対者」を見透かす醒めた目、偽の権威と戦う勇気は必要だ。しかし、そうなると、「絶対者」抜きのイニシエーションなど可能なのか、という問題が生じてくる。

このような時代でも、多くの大人は偽《にせ》の「絶対者」に頼ったり、知っていながらうまくごまかしたりして生きていて、子どもたちよ早く大人になれなどと要請してくる。新吾の父もその一人だった。しかし、真実が見えてきたとき、彼はこの世から去って行かねばならなかった。著者は現代において大人になることがどれほど大きく困難な課題であるかを、「オモシロイ」お話を通して語っているのである。

それでは、現代の少年たちは永遠に「大人」になれないのだろうか。少年たちにとって「絶対」とは何なのだろうか。これは実に大きく重い問題である。おそらくこの答えを知るためには、われわれは大人の知恵ではなく、よりいっそう透徹した「子どもの目」を必要とするであろう。そのような「子どもの目」を通して見た児童文学の発展を、筆者は大いに期待している。

# 長新太の不可解

長さんと言うと、私はレンコンを連想する。長くて、ぶっきらぼうの丸太みたいで、ごろりと寝ころんでいる。いったい何をしているのかな、などと思っていると、よもやと思われる泥の中から、あっというような見事な花を咲かせるのである。泥中の花などと喜んでいるのは人間の勝手で、レンコンのほうはそ知らぬ顔。花は枯れる。人間は忘れる。ところがまた、思いがけないときに見事な花が咲き出してくるのである。

もっともここで、「花は枯れる。人間は忘れる」と書いたことは、実は「レンコン」のほうがそう思っているだけで、長さんの作品に一度でも触れた人はそう簡単に忘れることができないであろう。私は長さんの作品に好きなのが多く、はじめての対談のときはずいぶんと勢いこんでゆき、さて作品の話を始めようとすると、長さんはぶっきらぼうに、自分は自分の作品は排せつ物みたいに思っていて全然忘れていて覚えていない、と言う（季刊雑誌『飛ぶ教室』創刊号、光村図書）。考えてみると、レンコンは今までに咲かせた花の勘定をしたりはしていないであろう。おそらく次に生み出す花のために全力をあげて充実……、と言っても、穴まで充実しては先が見えなくなるので、穴だらけの充実に励んでいるのこそ当然のことである。

というように、長さんのことを考えたり、書いたりしていると、いくらマジメにやっていても、どこかで変になってきたり、矛盾したことを言わされたりしてしまう。長さんの絵を見て、「こんなにうまく下手な絵を描く人は天才に違いない」と言った人もあるし、「長さんの絵本はなんにも面白くないけど、やたらに面白い」と言った人もいる。

なんだか前置きが長くなったが、長さんの最近の作品をのぞいてみよう。『飛ぶ教室』に目下連載中の「人間物語」は長さんの面目躍如とした作品である。一回目（同第17号）の題が「ゾウをダンゴにしてはイカンの巻」というのだから、その奇想天外ぶりがうかがわれるであろう。象をまるめてダンゴにして、オッサンが中にはいりこんで寝てしまう。そこへ長さんの好きなライオンがやって来たり、しまいにはユーレイまで出てくるのだが、お話のほうは現物を見ていただくことにしよう。二回目（同第18号）の「チョキチョキ男の巻」では、なんでもやたらに切りまくるチョキチョキ男が、木や馬のしっぽなどを切っているうちはまだしも、鯨や川や山まで切ってしまう。

長さんの描く「人間物語」を見ていると、近ごろはやりの「新人類」などというのも、まったくチャチなもので旧人類に白ペンキを塗った程度であることがよくわかるのである。ところで、チョキチョキ男はころんだひょうしに自分の首をちょん切ってしまう。ところがなんのことはない。自分の首を小わきにかかえて、「ハハハ」と笑いながら、チョキチョキとはさみを振りまわして歩いてゆくのである。こんなのを見ていると「人間」の恐ろしさということが痛感させられる。などとあまりマジメなことを言うと、長さんに「また排せつ物の分析をしている」と冷やかされそうだが、理屈抜きでおかしかったり、面白かったりした後で、いろいろな理屈が思い浮かんできて、ゾーッとするような「人間物語」なのである。

人間の次には「おばけ」を取りあげよう。『おばけのいちにち』（偕成社）は、「なんにも面白くなくて、なんやら面白い」類の代表作だろう。「ゴロ　ゴロ　ゴロ　よなかに　かみなりがなった。おかのうえには　おばけのいえがある」という幕開きで、雷の鳴っている丘の上の怪しい一軒家が登場する。どんな恐ろしいことになるかと思うのだが、なんのことはない、「おばけのいちにち」がごく普通に展開するのである。

朝の歯みがき、スーパーへの買い物、お客とのおしゃべり、せんたく。すべて人間と変わりがない。家のまわりに出てくる、ちょうや鳥や池の魚など、すべてが普通に平和に暮らしている。ところが、突如として、おばけの家は大きくなり山のようになる。が、しばらくしてそれは元どおりになる。元にかえってしまうとそれはまったく普通の家だし、夜が来ておばけの一日は終わりとなる。「現実」のもつ不条理な不気味さは、子どものほうが大人よりよく知っているのではなかろうか。子どもたちは喜んで何度もこの絵本を眺めることだろう。

『トリとボク』（あかね書房）も、子どもの心の深みをよく捉えた作品である。池にたくさんの水鳥がいる。ボクだけの知っている秘密は、鳥たちが夕方になって影だけになると、皆が寄り集まってきて、いろいろな形の影絵を見せてくれることである。鳥たちは象になったり鯨になったりして楽しんでいる。しまいにはオトウサン、オカアサンの形になったりする。ボクは自分も一緒に三人並んでいるところをいつかやってほしいと願っている、というのが終わりである。子どもの心の奥底にあるイメージが見事に形象化されている作品である。

次にこれまでの作品で私の印象に残っているものを取りあげてみよう。これまでに取りあげたのは、文も絵も長さんの作であったが、ほかの人の文に長さんが絵を描いているもので、文と絵がほんとにうまくかみ合っている作品を二つ取りあげる。

ひとつは谷川俊太郎さんとの合作で『きもち』（福音館書店）という絵本である。この本の素晴らしいところは、悲しみとか怒りとか、そんな「きもち」がうまく描かれているところである。偏った教育者は子どもたちに「喜び」や「明朗さ」などばかり教えこもうとして（実はそれによって子どもを苦しめたりもしているが）、人間の真の成長に必要な、悲しみとか怒りとかの感情を押さえこもうとしがちである。実はそのような感情を受けいれてこそ、人間は豊かになってゆくのだが、そんな難しいことを言わなくとも、人間の「きもち」の不思議さ、豊かさが、この絵本から伝わってくるのである。

工藤直子さんの文との合作「てつがくのライオン」（『飛ぶ教室』創刊0号、光村図書）も傑作である。「てつがくてき」になろうと努力しているライオン。「ああ、なんていいのだろう。ライオン、あんたの哲学は、とても美しくてとてもりっぱ」と、かたつむりにほめられて喜ぶライオンの表情が素晴らしい。「肩こりもおなかすきも忘れて、じっとてつがくになって」いるライオンの姿がうまく描かれているが、こんなのを見ると、「てつがく」は人間がなるもので、頭で考えるだけのことではないのだな、などと納得させられる。考える哲学もおそらく素晴らしいのだろうけれど、かたつむりに言わせると「難しくて、つまらない」ことになるのかも知れない。「てつがく」になろうとして、いろいろ姿勢を工夫しているライオンの姿が描かれているが、長さんの作品の特徴は「からだ」ということが常にその背後に存在していることと言える。

近代になって、人間はあまりにも心と体とが切れた存在になってしまったが、それはもともとつながっているものであるし、子どもたちはそのことをよくよく知っている。せっかくのそのような状態にある子どもを、早くから頭でっかちにしてしまうから、創造性や個性に乏しい人間になってしまうのである。長さんの絵本は、心と体の結びつきを回復してくれるものとして、子どもたちに好かれるのである。

すでに他で論じたので、ここでは繰り返さないが『つみつみニャー』（あかね書房）という長さんの傑作は、その題名を聞いただけで子どもが喜んでしまう。その秘密は「つみつみニャー」などという言葉が身体性とのかかわりの強い言葉だからであろう（『つみつみニャー』については、拙著『子どもの本を読む』楡出版を参照）。子どもが時になんでもない言葉を繰り返して喜んでいるが、それはそれが単なる言葉ではなく、身体性を含んでいるからであることが多い。長さんの「レンコン」はそんな言葉をつぎつぎと生み出してくるのである。『ごろごろ　にゃーん』（福音館書店）もその類である。「ごろごろ　にゃーん　ごろごろ　にゃーんとひこうきは　とんでいきます」という文が何度も繰り返し出てくるのだが、子どもたちは、この「ごろごろ　にゃーん」が好きなのである。

長さんをレンコンだと言ってみたり、作品の背後に身体性ということがあるなどとも言ってみたりした。これは言いかえると、長さんの作品は作品そのものの背後に何かを感じさせるものがあり、読み終わった後で何か不可解なものや、途方もなく大きいもの、おかしいものなどの存在を感じさせる、ということであろう。これは実は子どもたちが「世界」を見て体感していることとつながることであり、それが長さんの絵本の魅力となっている。

このことを長さん自身は作品の未完という言葉で表現している。長さんのエッセイ『海のビー玉』（理論社）の中に、問答がのせられていて、漫画家としての仕事の理想としていることは何かという問いに対して、

答、永久に未完成ということ。人びとはすぐに完成されたものを性急に追求しがちだが、それはぼくの信念に反する。少しばかり不安定でも、その作家の香り、あるいは匂い、つまりエスプリみたいなものが、みるものに共感をおぼえさせれば、それで結構とおもっている。

とあった。感心して読んでゆくと次のようなのが出てきた。

問、精神分析医は、多くの人間を分析するが、分析医自身の分析はだれがやるとお思いです

か？

答、漫画家がやる。

何だか空恐ろしくなってきたので、私の長新太評もこの辺で未完のまま終わることにした。

## 現実の多層性

### 絵本『イソポカムイ』を読む

カムイ・ユーカラは神さまのお話です。ここに取りあげる『イソポカムイ』（福武書店）は、ウサギの神さまのお話です。と言っても、そもそも神さまというのは、この世に本当に存在するのでしょうか。それに、いったい、あのウサギの姿をした神さまなど本当にいるのでしょうか。大人の人たちのなかには、イソポカムイの話を読んで、なんだ馬鹿げた話、と思う人も多いのではないでしょうか。「目の悪いウサギが失敗を繰り返す。なぜこれが神さまか」などと、言う人もいるかも知れません。

ところで、この本を幼い子どもに読んでみてやってください。子どもたちは大喜びすると思います。「もう一度読んで」とせがむ子もいるでしょうし、「ホーリムリム　ホーリムリム」などと言って、とび跳ねる子も出てくるでしょう。話の筋を覚えてしまっているのに、「また読んで」とせがんで、ウサギの失敗のところでは大笑いを繰り返す子もいるでしょう。私は子どもたちに接することや、子どもの心に触れる機会の多い職業についていますので、この話が幼い子の心をひきつけることに確信をもつことができます。

では、子どもたちはなぜこんな話を喜ぶのでしょう。それは子どもたちの心が単純だからでしょうか。決してそんなことではないようです。子どもたちは、大人よりもこの話の本質を直観的に把握するからではないか、と私は思っています。子どもたちは、そうすると、このお話の中に何を読み取っているのでしょうか。

大人はこの世の現実について、子どもよりもはるかによく知っていると思っています。人間とウサギと鳥と魚と、それぞれどのような特徴があり、どのように異なっているか。鳥や魚を獲ったり、食べたりするのはどうすればよいか。そんなことをよく知っています。それだけではなく、今では人間はウサギよりも速く走る乗物をもち、鳥のように空を飛び、魚のように水にもぐることができる機械をもっています。この世のことは知りつくされ、現実は人間の力によって支配されているように見えます。

ところが、実際はどうでしょうか。思いがけず飛行機が落ちてたくさんの人が死ぬこともあります。知らぬ間に公害によって環境が汚染されることもあります。もっと恐ろしいことは、人間はすべてのことが昔より便利になったと思っていながら、実はその便利さにふりまわされ、忙しくなりすぎて、自分自身の生き方を見失ったりしてはいないでしょうか。

神話はその中に多くの意味をもっており、そこからはいろいろ異なったことを引き出すことができます。作者の手島圭三郎さんにうかがうと、この本は、アイヌの人たちにとって、正確な状況判断ができなくなったら家から離れるのは危険だ、という教訓を含んでいるとのことです。私は私なりに次のようなことを考えてみました。

神さまであるイソポカムイは目が見えにくいために起こった滑稽な失敗を語って、われわれを笑わせてくれます。人びとは神さまを笑いものにして喜んでいますが、神さまはわざわざただそのことだけのために、こんな話を語ったのでしょうか。私は、神さまが自分の滑稽な姿を、人間の愚かさの映しとして、またはその拡大図として示してくれているのではないか、と思うのです。イソポカムイは何も燃えていないのに、わが家が火事だと思いこんで失敗をしました。しかし、多くの人間は自分の家に火がついているのも知らず、のんきに暮らしているのではないでしょうか。

「私の家が火事？　馬鹿なことを。見てごらん、何も火は出ていないよ」とその人は言うかも知れません。ところが、実は家の中は「火の車」であったり、子どもが「焦眉の急」の中で思い悩んでいたり、あるいは奥さんは帰りの遅い夫に対して「怒りの炎」を燃やしているかも知れないのです。

イソポカムイは親切にも自分の失敗談を語って笑わせながら、「人間たちよ、あなたたちはよくものが見えていますか」「家の中に火が燃えているのを見落としていませんか」と呼びかけているのです。こんなふうに思ってこの話を読むと、笑ってばかりもいられません。つかみ合いのけんかをしている夫婦の姿と、川の流れに打ちこまれた二本の棒杭と、何だか似たところもあるような気さえしてくるのです。

この世の現実は、大人が思いこんでいるほど決まりきったものではなく、それは実に多層的であって、見方によって実にいろいろな姿に見えるのではないでしょうか。獲得した獲物――それは鯨とは限りません――に群がって取り合いをしている人びとと、ゴミの山に群がるカモメと、あまり差がないかも知れません。

子どもたちの透んだ目は、そのような現実をよく見透かしていることがあります。大人たちがやっきに取り合いをしているものが、実はゴミにしかすぎぬことを知っていることもあります。残念ながら、子どもはそのことをまず大人に言うことができません。言ったとしても、馬鹿なことを言う、と一笑に付されるだけでしょう。こんな経験を積んで、腹の底ではわかっている子どもたちは、イソポカムイの話が面白くて仕方ないのです。どこか、心の深いところで共鳴をさそうものを感じるのでしょう。

このお話で「笑い」が生じることも大切なことです。「アッハッハ」と笑うとき、われわれは何かが「開ける」のを感じます。それまで、決まりきったものとしていた単層の世界が、今まで考えてもみなかった次元へと開けてゆくのです。イソポカムイは自らを笑いの対象とし、大声で笑わせながら、笑った人たちに次元の異なる世界の開示を試みようとしているのです。その笑いによって、人間たちのもつこだわり、たとえば、誰の獲物が大きいか小さいか、けんかでどちらが勝つか、などということが一瞬のうちに解消し、そうだ、われわれはもっと広い世界に生きているのだと言うことが自覚されるのです。

ウサギはおとなしい動物だなどと思いこまれていますが、日本の昔話の中には、狼をうまくだましこんで、崖から突き落として退治してしまうウサギの話さえあります。この話でも、ウサギは弱くて狼は強いなどという固定観念は見事に打ち破られてしまいます。固定観念によって世界を単層的に見てはならない。それはどのようにしていつ異なる姿を見せるかわからない、ということを、ウサギは教えてくれるのです。

ホーリムリム　ホーリムリム　イソポカムイの人びとは、人間を思いがけない世界へと誘いこみ、笑うものと笑われるものを逆転せしめ、人間に世界の豊かさを教えてくれているのです。

# III

# 児童文学のすすめ

出版社の方たちと雑談していますと、最近は「硬い」本を読む人が少なくなったと嘆かれます。そして、よく「学校の先生が本を読まなくなりましたのでね——」と続けて言われます。私もあまり本を読まない人間なので、こんな言葉を聞くと、ギクッとさせられるのですが、実状をお聞きすると大変なもので、少し「硬い」本だとまったく読まない先生が多いのだそうです。ある出版社の方は、夏休みには先生方に「課題図書」を与えて、読書感想文を書かせてはどうでしょうなどと冗談を言われました。私はこれは冗談ではなくて、なかなかいいアイデアだから、文部省［現・文部科学省］あたりで取りあげてくださるといいな、と思ったしだいです。正直なところ、学校の先生方は、月に何冊くらいの本をお読みになりますか。

こんなことを言うと、それは大学の先生のような暇人の言うことであって、われわれ小・中学校の教師は、そんな余裕はないのだ、とか、われわれ特殊教育を担当している者は、毎日の実務に追われていて、そんな硬いものは読んでいられないのだ、とかの答えがすぐに返ってきそうです。なかには、もっと直接的に、「教育学や心理学の本は、現場では何も役に立ちませんね」と言われた先生もあります。これらの問題には、ここでは直接に答えずに、私は先生方に「読みやすく、面白く、ためになる」児童文学をお読みください、と提案したいのです。それにお金の節約をしたいと思う方は、学級文庫などを御利用くださるといいのです。私は、先生方が自分の学級の学級文庫に、かずかずの名作をそろえていながら、一度もそれに目を通されないのが、不思議で仕方ありません。

まず、ヘルトリング『ヒルベルという子がいた』（偕成社）を取りあげてみましょう。この本の主人公ヒルベルは、出産のときの外傷のため、原因不明の強い頭痛に悩み、言葉もうまく話せないのです。それに父親は不明で、母親にも見棄てられ、施設の中で暮らしています。このヒルベルに対して、施設の先生たちは暖かく接してゆこうとしますが、簡単にはことが運びません。ヒルベルはあるとき、新任の先生の顔を目がけて、小便でぐしょぬれになったパンツを投げつけたりします。これに対して、先生はどのように対処したでしょうか。関心のある方は、是非この本を読んでください。私が児童文学をおすすめしたい理由はたくさんあります。そのうちのひとつとして、教師が子どもたちをどう理解すればよいか、教師はどのように行動すべきかについて、これらの名作は、深い示唆を与えてくれるという点があります。

ある先生が嘆かれたように、教育学や心理学は「現場では何も役に立たない」とまで言い切る気は、私にはありませんが、たしかにそれらが乾燥された知識を供給してくれるのに対して、児童文学のほうは、もっとみずみずしい素材を提供してくれることは事実です。児童文学の中で活躍する子どもたちの姿は生き生きとしていて、われわれの生徒理解を深めることに役立ってくれます。しかし、ここで大切なことは、文学に描かれていることは、生き生きとしているためにわれわれの心を打ちますが、それをすぐに一般的な真理として受けいれることはよくないようです。ヒルベルに対して施設の先生方が接してゆかれる態度から、われわれは多くを学ぶにしても、それを誰もがなすべきことと考えると失敗してしまうでしょう。一般的なことについては、やや無味乾燥ながら、教育学や心理学のほうがよく教えてくれるでしょう。

ヒルベルが施設を抜け出して、羊の群れに入り、それをライオンと間違がって、彼がライオンと行動を共にしたと思って喜ぶところは、本当に感動的です。ヒルベルは野生の息吹きを、肌に感じとって感激したことでしょうが、われわれのうちで誰がこれほどの素晴らしい体験をもちうるでしょうか。この作者はなんら感傷的になることなく、「可哀想な」ヒルベルの姿を描き、彼が可哀想どころか、常人には考えおよばない、素晴らしい生の躍動を体験していることを教えてくれています。私は情緒障害児を担当しておられる人たちの集まりに、「ヒルベル」を持っていき、読みながら話をしましたが、大変に喜んでいただきました。ただ残念なことに、これほどの名作を読んでいる方が聴衆のなかに一人もおられませんでした。

そんなこともあって、学校の先生方にしきりと児童文学をおすすめしているのですが、これは親御さんたちにも言えることです。親として、子どもを理解するためにこれほど役立つものはないでしょう。最近読んだ本では、ベバリイ・クリアリー『ラモーナとおかあさん』(学習研究社)が、是非とも親御さんたちに読んでいただきたいと思った本です。一冊の本をめぐって、先生に生徒、それに親も加わって、感想を語る会でも開いてみられませんか。きっと素晴らしい会になるでしょう。

# 小学四年生

小学校へ行くと、新任の若い先生が三年、四年の担任をしておられることが多い。これは一、二年の低学年、五、六年の高学年はそれぞれ難しいことがあるので、それを避け、比較的やりやすい、三、四年生を担当してもらおうという配慮から、なされているようである。このことは別に誤りとは言えないのだが、だからと言って、小学三、四年生は発達的にあまり重要な時期でないと思われると、それは困るのである。

子どもの心理療法にたずさわっていると、小学四年というのが、なかなか大切な時期であることが痛感される。子どもたちもいろいろな神経症症状をもって、親に連れられて来談するのだが、大人とまったく同じ神経症の症状に悩まされる子が出てくるのが、小学四年生である。どうも、子どもから大人になるための大切な第一の関門が九〜十歳のあたりにあるらしいのである。大人になる関門としての思春期についてはよく知られている。「性」ということをどう受けいれてゆくかという大切な課題を背負って、子どもは苦悩する。このことはわかりやすく、少年たちの苦しみも外に表明されることが多いので、大人たちはその点については心得ている。ところが、小学四年の関門は、外見的には何の苦もなく通り越してしまうので、あんがい見逃されやすいのである。しかし、ここで、つまずく子は、大人と同じような神経症に悩まされたり、なかなか大変なのである。

「つまずく」と言っても、その子たちとかその親が「悪い」などと単純に言えない。むしろ、感受性の鋭敏な子や、ものごとを深く考える子のほうが、ここでつまずきがちになると言いたいくらいである。小学四年生あたりで、子どもたちは今までの子ども特有のものの見方から離れ、基本的には大人と同様のものの見方が可能になるらしい。もちろん、これはまったく「基本的」な話で、人生観、世界観などというのではなく、ものの見方や考え方の基本においてそうなるということである。概念の形成の仕方などが大人と同じパターンをとるようになるのである。

この変わり目のところで、子どもはそれなりに自分自身を振り返り、自分とは何かとか、人間はなぜ死ななくてはならないのか、などというきわめて根元的な問いにぶつかるように思われる。ただ、悲しいかな、彼らはそれを言語によって表現することが、ほとんど不可能なのである。しかし、この時期になって、今までは夜一人で寝るのが平気だった子が、急に一人で寝るのを怖がったりすることもある。便所へ一人で行くのが怖くなるのだが、一方ではそんなことを言うのは恥ずかしいとわかっているだけに、なんとかうまく理屈をつけて誰かと一緒に行くようにするなどということも見られる。このような傾向に、親や教師が理解を示し、それをそっと見守っていてやると、子どもはそこをうまく通過してしまうのだが、そこで嘲笑したり、やたらに突き離したりすると、深い傷跡を残すことになる。
あるいは、子どもから大人へのものの見方の変化の狭間にあって、妙な迷いが生じ、試験などでも思いがけぬ失敗をしたりする。こんなときも、親や教師の対応の仕方がきわめて重要となる。なぜ、そんな失敗をしたのかをゆっくり聞いてやると、子どもの思考パターンから大人の思考パターンへの移行の失敗という点でなるほどと思わされることが多い。ところが、そこで頭ごなしに叱ってしまうと、子どもは不安を増大させたり、相当な自信喪失に陥ったりする。

このようなことを考えていたら、今年の学生や大学院生の論文に、九〜十歳のあたりに転回点のあることを示す事実が読み取られるのが、つぎつぎと現れ、大変に興味深かった。この点については、いつかまとめて発表したいと思っているが、ともかく、小学校において、四年生をひとつの盲点にしてしまわぬように注意していただきたいものである。

最後に、私の好きな児童文学のなかから、小学四年生の内面をよく理解できるものとして、男子、女子の主人公について、一作ずつあげておきたい。それは、今江祥智『ぼんぼん』（理論社）、キャサリン・ストー『マリアンヌの夢』（猪熊葉子訳、冨山房）である。これらについてはすでに本書の中で論じてあるが、小学四年担任の先生方のみならず、すべての先生方に是非読んでいただきたい本である。子どもの内界では大人の想像を超えたドラマが生じているのである。

# 子どもの知恵に学ぶ

職業、年齢を問わず誰にでも、ともかく一度読んでくださいとすすめたくなるような本が、この本『続一年一組せんせいあのね』（鹿島和夫編、理論社）である。これは小学一年生の担任、鹿島和夫に対して、「せんせいあのね」と語りかけるような気持ちで、子どもたちの書いた詩が、豊かな表情に満ちた子どもたちの写真と共に記されている。そのどれもが子どもたちの知恵に満ちていて、われわれ大人は思いがけぬ盲点をつかれたように感じて、はっとしたり、思わず笑ってしまったりする。少し例をあげてみよう。

ふたり
いわせ　みちこ

まえに
わたしのおかあさんとおとうさんとけっこんしきをやりました
いま

わたしのおとうさんとおかあさんとけんかをしました

子どもの詩に解説はいらない。ともかく、これを見ると、子どもたちがいかに鋭い目で大人を観察しているかがよくわかる。次のようなのはどうだろう。

いれば　　はるな　ひとし

おばあちゃんのはは
ぜんぶとれます
ごはんをたべるときは
はをとってたべます
たべないときは
はをつけます

こんなのを読むと、思わず笑ってしまう。そして、笑ったあとで心の中にいろいろとイメージが湧いてくる。それだけでなく、子どもから見ると、大人たちはこの入れ歯のようにまったく矛盾したことを平気でたくさんやっているのではないか、と思ったりもする。

私が子どもの詩にはじめて触れて、強い衝撃を受けたのは、数年前に灰谷健次郎さんたちの編集した『たいようのおなら』（サンリード）を読んだときのことである。素晴らしい詩ばかりで、いくらでも紹介したいが、その中から私の好きな詩を二つあげる。ごくごく短いものである。

　おとうさん

おおたに　まさひろ

おとうさんは
こめややのに
あさ　パンをたべる

いぬ

さくだ　みほ

いぬは
わるい
めつきはしない

この短い二つの詩を読んで、子どものものを見る目の素晴らしさに感嘆しない人はいないだろう。言われてみるとそのとおりで、大人でもその事実を知ってはいるのだが、こうして「詩」として提示されると、「うーん」とうなってしまう。灰谷健次郎さんは、あとのほうの詩について、「この詩を読んだとき、わたしはからだのまん中がずーんとして、しばらくものがいえませんでした」と述べている。日常言語が、さっと詩的言語に早がわりしてしまうのである。

このことを逆に言うと、大人たちは「詩」に満ちている豊かな世界の中で、それに気づかずに灰色の人生を繰り返しているということになるだろう。そこで、われわれとしては、子どもたちの詩によって、自分の人生に生命力を与えることを試みるべきである、と思われる。大人は子どもたちから多くを学ぶべきなのである。

子どもの詩が素晴らしいからといって、子どもに詩を書かせればいいというものではない。このような詩が生まれてくるためには、そのような表現を可能にするような場が与えられなければならない。子どものまったく自由な表現を受けいれる先生の態度がなかったら、決してこのような詩は生れなかったであろう。子どもたちと先生がどのような関係であるのか、次のような詩にも示されている。

せんせい

ゆあさ　かおり

せんせいはおよめさんと
チュウをしましたか
わたしはしたとおもいます
せんせいはわたしのゆめをみましたか
わたしはみたとおもいます

子どもたちの先生に対する温かい、そしてひたむきな気持ちがよくこの詩には表されている。そして、子どもは本当にのびのびと自由に自分の心を表している。

このような詩を見ていると、これほど多くの子がこれほど知恵に満ちた言葉を語りながら、どうして大人になってゆくと面白くなくなるのだろうかと思われてくる。おそらく大人になるための「教育」というものが、このような言葉を圧殺してしまう力をもっているからではなかろうか。このことは「教育」ということのあり方について、多くの反省をもたらしてくれるし、大人になるということをどう考えるのか、いったい大人とは何か、などといろいろなことを考えさせてくれるのである。

ともかく、こんな面倒なことを言わなくとも、理屈抜きにオモシロイという点でも、私はこれらの本を多くの人に読んでもらいたいのである。

# 観覧車

何かの話を聞いたときに、あれ、この話はどこかで聞いたぞと思ったり、なんだか似たようなことがあったと思ったりしつつ、なかなか思い出せなかったり、それがきっかけで思いがけない記憶が浮かび上がってきたりすることがある。

お彼岸だとかで「現代と死生観」という難しいテレビ番組に出演した。すると内科医の毛利先生という方が、自分の瀕死〔臨死〕体験（死に近い経験をした後に蘇生する体験）について語られた。深い感動を与える話だったが、その後で、「人間の一生は観覧車に乗るようなもので、ぐるりと一回りしていろいろなものを見て降りる。しかし、それに乗るまではどうだったのか、降りてからどうなるのか……」と静かに語られた。

この話を聞きながら、私は自分の心の中で観覧車のイメージが回りはじめたのを感じた。「あれ、何か最近に見たはずだが……」と、そして最近にテレビで見た韓国のソウルの手回し式の観覧車を思い出した。アジア大会で賑わうソウルでの子どもたちの遊びの風景として、それは映されたものであった。観覧車と言うと、どうしても遊園地の大がかりなものを考えてしまうが、ソウルのそれは、おじいさんが車に積んで運んできたもので、手回し式なのである。十分間二十円とかで子どもたちが乗っているが、その笑顔が実に素晴らしかった。こんなに楽しい乗り物が世界のどこにあろうかという感じで、見ているわれわれにも笑顔が浮かんでくるのである。

毛利先生は八十歳のお方である。その意義深い人生を振り返り、瀕死の体験を淡々と語りつつ、観覧車をイメージされている。そして一方では、子どもたちの生き生きとした笑顔を乗せた手回しの観覧車が、私の心の中で回っている。

私はふと、もうひとつのイメージを思い出した。それは佐野洋子『わたしが妹だったとき』（偕成社）に出てきた観覧車である。

主人公の幼い女の子の「わたし」は、夢の中で大好きな兄が、犬のペスと（ペスはちゃんと洋服を着ていたのだが）一緒に近くの小山に登り、その山の上にある観覧車に乗るのを見るのである。「わたし」はガラス窓からそれを見ているのだが、夜の山の上に観覧車は、明るい輝きをもってゆっくりと回転し、窓にはお兄ちゃんとペスのシルエットが見える。

「わたし」は羨ましいと思いながら、その目くるめく光景を眺めている。「わたし」はそこに行きたくて仕方がないのだが、そこには行けないのである。この作品に接して、私は、この観覧車のイメージが、少女のたましい、あるいは、いのちとも言うべきものを示しているように思えて深く感動した。

ソウルの子どもたちが、あの手回しの観覧車に、あれほどまでに心を奪われていたのは、それがどこかで深いたましいの体験に通じるものがあるからではなかろうか。

「現代と死生観」について話し合いながら、このようにしてつぎつぎと観覧車のイメージを私は心に描いていた。それは不思議に、「いのち」ということ、人間の人生ということを考えさせるイメージなのである。果たして自分はどのような観覧車に乗っており、どのような光景を見ようとしているのか。それに毛利先生も言われたように、それに乗る前に自分は何をしていたのか、降りてからどうするかなどと考えてみるのも一興ではなかろうか。

母親というものは、ともかく自分の子も一緒に同じ観覧車に乗っていると確信しているだろう。もともと自分のお腹の中にいたのだから、それも当然と言える。しかし、母子ともに同じ景色を見て、同じときに降りるということもなさそうだから、観覧車のイメージを人生として用いるなら、子どもはどこかで母親から離れて乗りかえるのかな、と思ったりもする。

なにも人生即観覧車ではないので、こんなことを考えてみるのは馬鹿げているようだが、いったいこの子はいつどのようにして観覧車の乗りかえをするのかなと考えてみたり、そろそろ乗りかえをしたがっている子どもを、無理矢理に自分と同じ席に引きとめていないか、などと考えてみたりするのも、まんざら馬鹿げているとばかりは言えない気がする。われわれの想いには関係なく、輪廻の輪は常に回り続けているのだが。

# 子どもとファンタジー

## 健全な子ども

一般的に言って、親は自分の子が健全に育つことを願っていると考えられる。何事にも例外ということがあるから、すべての親がそうだとは言い難いだろうが、一応一般的な傾向としては、そう言えるであろう。そして、問題はどうすれば健全な子どもが育つだろうか、健全な子どもを育てるよい方法はあるのか、などということになるであろう。あるいは、どのような家庭に健全な子が育つのだろうか、などと考えてみる人もあろう。

この問題を考えるにあたって、われわれはまず、健全とは何か、という点について考えてみる必要があるように思われる。われわれは実際、親が自分の子を健全に育てようと一生懸命になり、そのことによってかえって子どもが不健全になるような例に接することがある。たとえば、最近よく問題にされる家庭内暴力をふるう子どもたちが、思春期まではきわめて「よい子」であることが多いという事実は、そのような例のひとつと言えるであろう。勉強もよくできるし、あまり病気もしない、先生や他の大人たちに対しても礼儀正しい。このような子どもを見て、誰も「健全」と思うのではなかろうか。ところが、その子が中学生や高校生になって、親に暴力をふるいはじめるのだから、問題は深刻である。その子が家庭で暴力をふるい、親は自分の子どもを精神病ではないかと疑っているようなときでさえ、その子の家庭外での行動を見て、近隣の人や先生などは「健全」な子であると思っていることさえある。ここには詳述しないが、われわれ心理療法家がこのような親子にお会いして、親が子どもに対して描いていた「健全」というイメージに問題があると感じることは多いのである。何もかも「よい」ことずくめが「健全」とは考えられないのである。

健全ということはどういうことか、明確に定義できないにしても、それが病気とか何かが欠けた状態の反対概念であるとは、誰しも思うことであろう。たしかに「概念」としてはそうかも知れないが、人間の生きている実状を考えると、簡単にそのように割り切ってばかりもいられないのである。たとえば、一病長寿などという言葉があるが、これなどは、なんらかの病気をもっている人のほうが、まったく病気をもたない人よりも長生きをするという「実状」を表現しているのであり、なんら病気をしない人が自分の身体に自信をもちすぎ、そのために無理を重ねて早死にすることを示している。つまり、あまりにも「健全」なあり方が、次に来る急激な「不健全」の準備状態となっているとさえ言えるのである。これは何も身体の病気についてのみ言えることではなく、先にあげた家庭内暴力の子が、ずっと「よい子」である状態も、同様の解釈をすることが可能と思われる。

このような例を見ていると、われわれは一応、「健全」ということを常識的に定義するにしろ、それに対する短絡的な追求や固執がかえって逆効果をもたらすことは認めねばならない。われわれは相当に柔軟性のある広い視野の中で、それを考えねばならないのである。本論では、健全な子どもとは何かについて、正面から論じるのではないが、健全な子どものイメージが内包するいろいろなパラドックスの中で、ファンタジーという点に焦点をあてて考えてみたい。というのは、現代という時代は、どうしても外的現実が重視される傾向が強いと感じられるからである。たとえば、「空想にふける子」などというイメージからは、すぐに「不健全」ということが連想されるのではなかろうか。ともすれば、マイナスのイメージと結びつけられやすいファンタジーということの意義について考察するとともに、それが子どもにとってどのように受けとめられているかを見ることにしよう。

## ファンタジーの意義

最近ではファンタジーの意義ということも以前よりは割に認められてきたように思われるが、この点はアメリカにおいても同様らしい。ファンタジー作家としてアメリカでも日本でも人気の高い、アーシュラ・K・ル＝グウィンは、一九七五年に、それより十年ほど前の出来事として、彼女の友人がある図書館の児童室へ行き、トールキンの書いた有名なファンタジーの作品『ホビットの冒険』を借りようとしたら、そこの図書館員が、「ああ、その本は、大人の部門にしか置いてありません。あの本の逃避主義は、子どもにふさわしくないと思いますから」と言ったというエピソードを紹介している。[1] しかし、その後に、「私たちは、大笑いしたりぞっとしたり。十年ですっかり事情が変わったわねと話し合いました。ファンタジー作品に対するこのような教育的な批評選別は、現在、児童図書館ではほとんど見られません」と述べているので、アメリカではファンタジーに対する評価が急激に変化したことがわかる。わが国の現状はどうであろう。まだまだ古いアメリカと似た状態にあるのではなかろうか。ル＝グウィンは、このように児童図書館などでは変化したものの、アメリカでも一般的には、まだまだファンタジーに対する反発が強いことを指摘している。

ファンタジーはどうして、一般に評判が悪いのだろう。それはアメリカの図書館員も言ったように、現実からの逃避として考えられるからであろう。あるいは、小・中学校の教師のなかには、子どもがファンタジー好きになると、科学的な思考法ができなくなるとか、現実と空想がごっちゃになってしまうのではないかと心配する人もある。しかし、実際はそうではない。子どもたちはファンタジーと現実の差をよく知っている。たとえば、子どもたちがウルトラマンに感激して、どれほどその真似をするにしても、実際に空を飛ぼうとして死傷したなどということは聞いたことがない。ファンタジーの中で動物が話すのを別に不思議がりはしない子どもたちが、実際に動物が人間の言葉を話すことを期待することがあるだろうか。子どもたちは非常によく知っている。彼らは現実とファンタジーを取り違えたりしない。それでは、子どもたちけどうして、ファンタジーをあれほど好むのだろう。それは現実からの逃避なのだろうか。

子どもたちがファンタジーを好むのは、それが彼らの心にぴったり来るからなのだ。あるいは、彼らの内的世界を表現している、と言ってもいいだろう。人間の内的世界においても、外的世界と同様に、戦いや破壊や救済などのドラマが生じているのである。それがファンタジーとして表現される。

あるとき、筆者はある幼稚園を訪れ、園児たちが先生の話される「ジャックと豆の木」を聞いた後で描いた絵を見せてもらった。それらの絵の真ん中に、どんどん伸びて天に至る豆の木が描かれているものが実に多く、すっかり感心させられた。(2) 六歳のあたりで子どもたちは、それなりの自我をつくりあげるものであるが、心の中で生成されてくるその過程は、天にまで至る植物のイメージとぴったりなのであろう。したがって、多くの園児が「ジャックと豆の木」の話の中で、どんどん伸びてゆく木のイメージに感激するのだ。しかし、だからと言って、彼らは世の中にそのような豆の木など存在しないことは、よく知っているのである。幼稚園の木がどうして天まで伸びないのかとか、自分の家で実際にそのような豆の木を植えてみようとは思わないのである。そのように外的現実を知った上で、やはり内界のドラマを楽しむこと、と言うよりは、内的な人生を生きることを子どもたちは行なっているのである。

子どもたちだけでなく、本当は大人たちもこのようなことが必要なのである。ただ、大人たちは外的現実とのかかわりに心を奪われすぎて、そのことを忘れ去ったり、気づかずにいたりするだけのことなのである。大人は外的現実とのかかわりがすべてと思いつつ、どこかで不満を感じるようになる。したがって、ル＝グウィンが言うように、ファンタジーを馬鹿にする大人たちは、「だいたいが血なまぐさい推理ものを見るか、三文西部小説や三文スポーツ小説を読むか、『プレイボーイ』やもっとひどいポルノ雑誌を読みふけることになるようです。これは飢えきった想像力が栄養を求める必然的な行為なのです[3]」ということになる。

外的世界と内的世界の両者とのかかわりによって、人間存在は確かな位置づけを得るのである。この世の中に自分をしっかりと位置づけること、それは健全であるための相当基本的な条件ではなかろうか。そのために、ファンタジーは大きい役割を背負っているのである。

## 超越とのかかわり

これまでに述べてきたことは、教育学者の蜂屋慶が重視する「超越」の問題と深くかかわることである[4]。それについての理論的考察については蜂屋を参照されたいが、ここでは実際に子どもたちが超越とのかかわりをどのように体験しているかを見ることにしたい。その具体的な例として、次に取りあげるのは、子どもたちが神様に書いた手紙なのである。これはアメリカで

Children's Letters To God という原題で出版されたものを谷川俊太郎が訳したものである。[5]『かみさまへのてがみ』、および、『かみさまへのてがみ　もっと』を読むと、子どもたちが神に対してどのようなイメージを抱き、それとどのようにかかわろうとしているかが生き生きと伝わってきて大変興味深い。早速、その例をあげてみよう。

かみさま、
ユダヤじんたちがみんな、うみのみずのあったところを　とおりぬけて、エジプトからでていったところを、せんせいが　よんでくれました。これからも　がんばって　ください。わたしは　ユダヤじんです。

あいをこめて　ポーラ

これを読んで筆者は深い感動を覚えた。最後の「わたしは　ユダヤじんです」という一句がわれわれの心を強く打つのである。この子は小さいときから、自分がユダヤ人であるということをどう受けとめるかという問題を背負い続けてきたのに違いない。日本人には簡単に了解し難いことであるが、この子にとっては他の子どもたちと同じ言葉を話し、同じように勉強したりしながら、ユダヤ人ということで、どこかで他と異なることを感じさせられ、「私はユダヤ人だ」ということを、どのように心の中に位置づけるかに悩んできたのに違いない。そんなときに、幼いポーラちゃんは、自分たちの先祖が神に導かれ、「うみのみずのあったところを　とおりぬけて、エジプトからでていったところ」について先生から話を聞いたのである。

「聖書」世界について、きわめて興味深い考察を行なった谷泰は、この出エジプトの事件について、「それがエジプトにおけるイスラエルの民の奴隷的位置からの解放、失われつつあった民族的アイデンティティの危機からの回復のための記念的出奔であった」[6]ことを指摘している。それ以来長い年月を経た後に、この物語が、現代に生きているポーラちゃんという子どもの「失われつつあった民族的アイデンティティの危機からの回復」に役立ったであろうことは、十分に推察できることなのである。「うみのみずのあったところを　とおりぬけて」行くことなど、まったく馬鹿げた空想だと彼女は感じなかった。それどころか、その話によって、彼女のアイデンティティは強化されたのである。「これからも　がんばってください」という彼女の神に対する呼びかけは「さあ私も頑張ろう」という決意の表明ではなかろうか。

神による支えという点から言うと、次のような例は、その典型と言えるだろう。

かみさま、
あなたが　どこにでもいると　しっているので　わたしは　あんしんです。それだけ。
けいぐ　マーガレット

「わたしは　あんしんです」とはっきり言えるのは本当に幸福である。「それだけ」で十分である。ところが、神様がいるからと言って、いつも安心していられると限らないところに、人間と超越者とのかかわりの不思議さがある。たとえば、次のような例はどうであろうか。

いつも　どようびには　あめをふらさずに　おくことくらい　どうして　できないの？

ローズ

幼いローズちゃんは神に対して怒っているのではなかろうか。「かみさま」という呼びかけもないし、「あいをこめて」などという挨拶もない。単刀直入に神に尋ねている、と言うより非難していると言っていいくらいである。

神は全智全能であると言う。そして、神は人を愛していると言われる。そうすると、土曜日にはせっかく週末の楽しみに家族や友人と遊びの計画があるのに、どうして神は雨を降らして楽しみを奪うようなことをするのだろう。全智全能であれば、土曜日に雨を降らさないことぐらい簡単なことではないのか。ローズちゃんの神に対する疑問はまことにもっともなことである。これに対して大人は何と答えればいいのだろうか。ローズちゃんの本当に満足のいく答えを大人は与えてくれないかも知れない。しかし、神という超越存在に対してこのような問いかけを行ない、その答えを自らいろいろと推察することによって、子どもは成長を遂げるのではないだろうか。ローズちゃんの疑問と似ていながら、それとはニュアンスを異にしている神への問いかけを次に示してみよう。

かみさま、
かぜを　ひくのは　なんの　やくにたつのですか？

ロッド・W

風邪をひくのは不愉快である。しかし、神は人間を愛しているのだから人間にとって不利益なことをするはずはない。とすると、「かぜを　ひくのは　なんの　やくにたつのですか？」と考えざるをえなくなってくる。しかし、これは神を非難するのではなく、その問いを自らに課して神の真意を知ろうとする態度に近づいてきている。神の意志はわからないことが多い。しかし、それを知ろうと努めることによって、われわれの人生も豊かになり、意味づけが与えられるのではなかろうか。子どもたちの一見無邪気に見える神への問いかけは、深い意味を含んでおり、彼らの人生が神とのかかわりを考えてみることによって深められていくことが、これらの手紙から感じられるのである。

## 日本の神様

『かみさまへのてがみ』が大変興味深かったので、日本の子どもたちに書いてもらうとどうなるかを試みてみた。(7) もちろんアメリカの神と日本の神は明確に異なっている。アメリカの子どもたちにとって、神は唯一の最高神であり、そのイメージも相当に明確である。ところが、日本で神と言っても、それが何を指すのか、子どもによって相当異なっているかも知れない。しかし、そのようなことを含めて、ともかく「かみさまへのてがみ」ということで、日本の子どもたちに書いてもらうとどうなることだろうと思って、ひとつの試みをしたわけである。小学一年生、二年生の子どもに書いてもらったのだが、ともかく例をあげて考えてみることにしよう。二年生の男子の手紙を次に示す。

かみさまへ
べんきょうのことで、おねがいがあります。さんすうが早くできるようにしてください。いつもいつもおそくて、まるつけもできません。
それともう一つ。さく文を、早くさせてください。でもいったい何ものですか。
おしえて下さい。

これは典型的なものである。と言うのは、ほとんどの手紙が、なんらかの「願い」か、いったい神様とはどんな存在かという問いかけになっているからである。この点、バラエティという点から言えば、日本の神様への手紙のほうがアメリカのそれより、はるかに変化に乏しい感じを受ける。これはアメリカにおいては、キリスト教の神が人格化された存在であり、それに対する「手紙」がいろいろと書きやすいのに対して、わが国では、神は漠然と「願いごとをかなえてくれる存在」であるにしろ、いったいそんなのは存在するのか、という疑問符つきでイメージされているからであろう。神という存在に対する疑問は、次のような手紙によく示されている。二年生の男子の手紙である。

かみさまへ
かみさまは人げんですか。かみさまて大男ですか。
かみさまはえらいか、どじか、どっちですか。せいがちいさいか、せが大きいかどっちかなあ。
かみさまは、わるいこを、たべるのですか。かみさまて天ごくに、いるのですか。

これは神様への疑問に満ちているが、神様に向かって、「どじか」と尋ねているのだから、キリスト教徒にとっては考えられないことであろう。キリスト教に限らずとも、信仰に支えられて生きている人たちからすれば、驚くべき「神への手紙」だということになろうが、わが国の小学二年生だったら、これくらいのことを書いても、別に不思議ではないであろう。超越者とのかかわりによってアイデンティティが確立するようなことを先に述べたが、このような日本の子どものアイデンティティの問題はどうなってゆくのだろう。この点について考えるために、二年生女子の例をあげる。少し長いがそのまま示すことにしよう。

かみさまへ
かみさまはどうやってかみさまになれたのですか。おばあちゃんが、「かみさまは、しんだ人。それからかみさまは月にいるよ。」といっています。
おじいちゃんがしなはったからおじいちゃんも月へいってかみさまになっているかな。とおもいます。わたしはおばあちゃんがしなはってかみさまにならはったらどんなかみさまができるだろう。きっとがんこなかみさまになるとおもいます。だってわたしのおとうとと、いつもいつもてれびのとりあいをしているからです。おとうとはやきゅうだし、おばあちゃんはじだいげきだからです。わたしもよくおばあちゃんとてれびのとりあいのけんかをします。わたしはまんががとってもだいすきです。だからけんかをします。かみさまそんなところをみないでね。わたしはずかしいからね。わたしもいずれかしんでかみさまになります。かみさまになったらえらいかみさまになろうとおもいます。

これも人と神の距離の近さが印象的である。キリスト教においては、神と人との間には画然とした差がある。しかし、この子にとって、神は人が死ぬとなるもので、しかも、おばあちゃんが死ぬと、「がんこなかみさま」になるだろうときわめて具体的にイメージしているのである。そして、それに続いて「わたしもいずれかしんでかみさまになります」ということが、はっきりと語られる。自分が死ぬと神様になり、先に神様となっている祖父や祖母たちと共に月に住むという確信は、先に示したユダヤの子どもとはまったく異なる形ではあるが、この子のアイデンティティを支えるものと言えないであろうか。自分もいつの日か死ぬのだということを、これほどすんなりと、しかも死を受けいれた形で小学校二年生の子が言えることは、驚きと言えば驚きではないだろうか。

超越の問題を考えるとき、人は必然的に死のことを考えるようである。小学校一年や二年の子どもたちも、大人が想像するよりははるかに死について考えているようである。アメリカの「かみさまへのてがみ」には、それでもあまり死について言及しているものがなかった。比較の意味で、ひとつあげておこう。

ジェーン

ひとを　しなせて　あたらしいひとを　つくんなきゃならないのなら　かわりに　いま　いるひとを　そのままに　しといたら　どう?

これは間接的には自分の死の回避を願っているものと解されるが、いかにも理づめなところにアメリカらしさを感じる。これを、先ほどの「わたしもいずれかしんで……」の文と比較すると彼我の差が歴然としてくるであろう。

## お化けのイメージ

超越を考える上で、神様だけでなくお化けも考えてみれば何か引き出せるかも知れぬと思い、日本の子どもたちに神様だけではなくお化けにも手紙を書いてもらった。ところが、こちらのほうは正直のところ、あまり興味深い結果が得られなかった。だいたいが類型的で、どんな姿か見たいとか、いっぺん遊んでみたいとかいうのが多く、その反対に怖いから出てこないようにというのがあり、こちらのほうは数的に前者よりだいぶ少なかった。これも西洋の悪魔と異なり、あまり明確な人格性をもたない漠然としたイメージなので当然かも知れない。それでもいちおう典型的なものをあげておこう。

おばけさんへ
わたしは、おばけさんといっかいあそんで、みたいと、おもっています。おばけさんのうちは、どこですか。わたしのうちは、あぱーとです。さようなら。

これは一年生の女子からの手紙であるが、このような親愛感情を示して、一度遊んでみたいと言うのが、あんがい多いのである。なかには、「おばけさんにあうのはこわいですがこわくないです」などと書いてあって、少し力んでいるところが表現されていていてほほえましいのもある。これと逆にお化けを怖がっている代表として、次に小学二年女子の例をあげる。

おばけへ
おばけさんあんまりでないでください。ゆめの中とかにでないでくださいおねがい。あのねみんなおばけなんかいないとおもってるの　でもあたしはいるとおもうは　よるにかべにでたりするとかてれびでいってるもん。だけど人のゆめの中にでてきちゃいやよ。だからおばけさんでないでちょうだい。ほんとにこまるんだもーんおねがいね。

このように怖さを表明していても、それでも会いたいとか、一度握手してみたいなどと書かれているものも多い。怖いもの見たさの態度が示されている。お化けに対するそのようなアンビバレントな態度は、どこかで、お化けも神も類似の存在として捉えるようなことにまで拡張されてくる。たとえば、次に示すのは二年生男子の手紙である。

おばけへ
おばけさんは、こわいおばけさんとやさしいおばけさんがいるのですかぼくのおばあちゃんはやさしいおばけさんですかこわいおばけさんですかどちらなのかはかりません。こはいおばけさんもやさしいおばけさんになってください。それにおばけさんとかみさまとなかまですか。どちらですか。こころのなかでおしえてください。

この子のおばあさんはおそらく亡くなられたのであろう。死人がお化けになるし、神様にもなるとしたら、両者は仲間かも知れないし、ともかく、このようなお化けに対する態度は、日本人の善悪の判断が欧米人に比してあいまいとなってくる様子をよく表している。西洋の神、人、悪魔という存在が明確にされ、善悪の差が明らかにされている世界観に比して、わが国では、神も人もお化けも、あいまいな全体性の中に位置づけられ、善悪の相対化の程度が高いと考えられる。

## アイデンティティの深化

アイデンティティという用語が一般によく知られるようになったのは、エリクソンの提言によるものである。この用語は広義にも狭義にも解釈され、いろいろな解釈を生み出すものであるが、簡単に言ってしまって、「自分が自分であること」をどれほど充実感や明確さをもって示しうるかということになろう。もともと、アイデンティティ・カードなどと言うときは身分証明書のことを指すわけであり、アイデンティティということも浅くとれば、自分が自分であることを他人に証明しうること、というふうになって、極端に言えば身分証明書があれば済むことになる。しかし、心理学でアイデンティティという場合は、もっと深く考えて、自分が自分であるという主観的感覚が充実感や生命力、歴史的連続性などによって裏づけられていることを必要と考えている。

このようにアイデンティティを考えるにしろ、自分が自分であることの証明を、他人に対してすることと考えやすく、アイデンティティということを考える際に、外的現実とのかかわりで考える傾向が強かったように思われる。つまり、自分は親としてのアイデンティティをもつと言うときは、子という他者との関係を前提としているし、教師としてのアイデンティティと言うときも生徒との関係を考えている。したがってアイデンティティということが社会的役割の確立と結びつく傾向が強かった。このような点について、アメリカでは反省が生じてきて、アイデンティティということをもっと深く考えようとする傾向が最近になって生じてきたように思われる。これは、アメリカの社会がどれほど物質的に豊かになっても、やはり人間のもつ不安感や不満足感は簡単に消え去るものではないことが明らかとなってくるし、公害の問題に触発され、自然科学の発展がすなわち人間の幸福であるという思い込みに対する反省が生じてきたことと軌を一にしていると思われる。(8) つまり、アイデンティティとの関連で言えば、それを外的現実との関連にのみ重点を置いて考えていたのでは駄目であることに気づきはじめたのである。自分が自分であることの証明を他者に対してするだけではなく、自分自身あるいは自分の内界との関連においてなすべきことに気づいたと言うこともできるであろう。

はじめに、ル＝グウィンの言葉を引用して、アメリカにおいてファンタジーに対する評価が変わってきたことを示したが、この変化が前述したようなアメリカにおける変化と相呼応していることは、すぐに了解できることと思う。自分の内界との関連におけるアイデンティティの深化には、ファンタジーを必要とするのである。

自分はこの祖母の孫であると思い、祖母との関連で孫アイデンティティに生きるという次元と、祖母が死ぬと「がんこなかみさま」になって月に住み、自分も「いつしかしんで」その神の仲間入りをすると感じることによって生きている次元は異なるものである。後者の場合は、単に現在における祖母と孫という関係よりはるかに深化され、死という現実をすら含み、日本伝来の超越的な存在との関連の中に自分が位置づけられているのである。死後の話などまったく馬鹿げているし、非合理なことだと言う人もあろう。しかし、アイデンティティということを深く考える限り、このようなことは避けられないのである。

このような点について、先にも引用したが谷泰は次のように的確に本質をついた論を展開している。(9)「自己のアイデンティティを失う危機感におそわれている人にとって、一般的真理といったたちの、普遍的な命題は、なんの慰めにもならない。なんらかの社会的なスティグマ（傷痕）をもっているため悩んでいる者にとって、自己の悩みの原因についての学問的見地からの説明はもちろんのこと、おまえは他の人びとと同じく社会的に等しい基本的人権をあたえられているのだといった憲章のうたい文句のような一般的説明は、空念仏にすぎない」。そのような一般的説明でなく、自己に固有なものを見出してこそ、アイデンティティは支えられるのだ。「特殊個別的であろうとするものは、だから、つねに外から示された普遍的原理に発する論理的説明の糸からはみ出し続けなくてはならない。アイデンティティの標徴が、しばしば一般にとりこまれることのない、秘儀性、背理性をもつのはまさにこのためである」。

ここに述べられた秘儀性、背理性をもつものとしてファンタジーが存在する。つまり、超越とのかかわりによって生じるファンタジーがアイデンティティを支えるものとして重要となってくるのである。このように考えてくると、ファンタジーを逃避と結びつけることなど論外と言うべきであろう。ル＝グウィンが言うように、ファンタジーを馬鹿にしながら推理小説や三文西部小説を読んでいる大人のほうがよほど逃避的と言えないだろうか。『ナルニア国ものがたり』という素晴らしいファンタジーを書いたC・S・ルイスは、ファンタジーの本質について次のようにはっきりと言明している。

危険なファンタジーは、きまって表面的にはリアリスティックです。成功の夢ばかりを追って、心をそこなわれてしまった人たちは、けっして、『オデッセイ』や『テンペスト』や『邪竜ウロボロス』をむさぼり読むようなことはしないものです。そのような男性（または女性）は、百万長者や、絶世の美女や、豪勢なホテルや、やしのしげる海辺や、ベッド・シーンの出てくる物語、つまり現実に起こりうる話、起こってしかるべき話、運さえよければ自分にも起こったであろう話を読みたがります。というのは、前にもいったように願望には二種類あるからで、ひとつはアスケシス、つまり一種の精神活動であり、もうひとつは病気です。[10]

ルイスの言うように、ファンタジーのなかで彼がアスケシス（精神訓練）とさえ呼ぶようなものと、病的な逃避にのみ終わるものとを区別することが大切であるが、後者の場合のほうが、より外的現実のほうに引き寄せられるお話となりがちなことともよく知っておくべきことと思われる。

子どもが成長してゆくにつれ、だんだんと外的現実に直面し、それに立ち向かってゆくことができるように、われわれは期待しているのであるが、そのような態度を支えるものとしてファンタジーが存在するというパラドックスを、大人はよくよく心得ておく必要がある。子どもからファンタジーを奪うことによって、彼らはまったく存在の根を絶たれてしまうことになるのである。ファンタジーの名作に数多く登場する小人たちについて、上野瞭は端的に次のように述べている。「こうした小人にだれ一人気づかなくなった時、人間は破滅するのかも知れない」[11]。われわれは人類の破滅をおそれるのなら、「小人の国」の存在にもっと心くばりをするべきであろう。

（1）A・K・ル＝グウィン「竜を恐れるアメリカ人」E・ブリッシェン編、神宮輝夫訳『とげのあるパラダイス』偕成社、一九八二、所収
本論でル＝グウィンが竜をファンタジーのシンボルとして用いているのは興味深い。西洋の「英雄」がしばしば竜を殺す事実と、西洋におけるファンタジーの喪失を関連づけて考えているのであろう。

（2）この典型的な例としては左記を参照されたい。
河合隼雄『ユング心理学入門』培風館、一九六七、一二七頁

（3）A・K・ル＝グウィン、前掲書

（4）蜂屋慶「子どもと神さま、子どもとお化け」河合隼雄編『子どもと生きる』創元社、一九八五、所収

（5）谷川俊太郎訳、葉祥明絵『かみさまへのてがみ』『かみさまへのてがみ　もっと』サンリオ、一九七七〜七八

（6）谷泰『「聖書」世界の構成論理』岩波書店、一九八四

（7）京都市教育委員会カウンセリング室のカウンセラーの方々を通じて、京都市内の小学校にお願いして、子どもたちに書いてもらったものである。ここに援助くださった方々に対してお礼申し上げたい。
なお、アメリカの「かみさまへのてがみ」は多くの応募作品から、エリック・マーシャルとスチュアート・ハンプルという編者が選び出して、アメリカの新聞や雑誌に掲載したものである。日米の「かみさまへのてがみ」の内容などを統計的に検討してみると面白い結果が出ると思われるが、今回は両者の集め方がまったく異なっているので、比較の対象とならないと思い、統計的検討は行なわなかった。

(8) このようなアメリカの事情については、河合隼雄「日米のアイデンティティ」『図書』一九八五年一月号所収、岩波書店、に少し述べておいた。
(9) 谷泰、前掲書
(10) C・S・ルイス、清水真砂子訳「子どもの本の書き方三つ」『オンリー・コネクトII』岩波書店、一九七九、所収
(11) 上野瞭『アリスたちの麦わら帽子』理論社、一九八四

# あとがき

これまで児童文学について述べてきたものを、ここにまとめて出版していただくことになった。児童文学には関心が高くて、ちょいちょいと書いているつもりだったが、こうしてまとめてみると、あんがいたくさん書いてきたものだな、と我ながら驚いている。

筆者の児童文学に対する関心は、本文中にも述べているが、「たましい」ということに対する関心から出てきている。自然科学の発達に伴って、「たましい」などというわけのわからぬものは、その存在すらあやふやになってしまったわけであるが、大人の常識によって曇らされていない「子どもの目」には、それがはっきりと見えるのである。

心理療法家としての筆者の仕事は、「たましい」と深くかかわっている。平素はそんなことなど考えたことのない人でも、病気や事故などの思いがけない不幸を経験したり、何もかもがうまくいっている自分の人生に何かが欠けていると感じて、ふと振り返ってみたりすると、「たましい」の存在に気づかざるをえなくなってくる。このような「たましいの発見」の仕事をしているので、それについての知見に満ちているとも言える児童文学を読むことは、筆者にとって非常に大切なこととなるのである。

「たましい」と言っても、それは目にも見えないし手で触れることもできない。そのような存在について語るのには、ファンタジーという形が最も適している。あるいは、ファンタジーをつくり出すことこそ、たましいの重要なはたらきであると言うことができる。したがって、本書に取りあげる作品にファンタジーが多いのも、むしろ当然のことと言えるだろう。

本文にも論じているように、児童文学を「子どものための文学」などと筆者は思っていない。大人にとっても子どもにとっても大切なものである。特に大人にとっては日頃つい忘れそうになる「たましいの現実」に触れさせてくれるものとして、その価値はきわめて高いと言わねばならない。最近は、このようなことが認識されてきたのか、児童文学を読む大人が増えてきたようである。本書が大人の読者に対する児童文学への橋渡しとして役立つと、まことに嬉しいと思っている。

ひとつお断りしなくてはならないが、本書の中の「『うさぎ穴』の意味するもの」はすでに拙著『中空構造日本の深層』（中央公論社）に収録されている。重複するので申し訳ないが、これは筆者が専門外の児童文学の領域で発言するのもどうかなと迷っているときに、上野瞭、今江祥智両氏のすすめによって書いたもので、筆者の児童文学に対する基本的姿勢が示されていると思うので、敢えてここに再録することにした。読者の御寛恕をお願い致したい。

本書の成立については、マガジンハウス書籍編集部の刈谷政則さんに格別にお世話になった。本書の出版計画、編集などを強力にすすめられ、ともすれば何かにつけて遅れがちになる筆者を引っ張って出版にまで漕ぎつけてくださった。ここに厚くお礼申しあげる。

この「うさぎ穴」からのささやかな発信が、どこかでキャッチされ、共鳴現象の生じることを期待している。

一九九〇年一〇月

著者

# 本書でとりあげた本

## 読むこと・書くこと

### I

『**オンリー・コネクト**（全三冊）』イーゴフ、スタブス、アシュレイ編　猪熊葉子・清水真砂子・渡辺茂男訳　岩波書店

『**ヒルベルという子がいた**』ペーター・ヘルトリング　上田真而子訳　偕成社

『**ジョコンダ夫人の肖像**』エレイン・ローブル・カニグズバーグ　松永ふみ子訳　岩波書店

『**モモ**』ミヒャエル・エンデ　大島かおり訳　岩波書店

『**わたしいややねん**』吉村敬子・文　松下香住・絵　偕成社

『**ゆめのおはなしきいてェなあ**』吉村敬子・文　佐々木麻こ・絵　偕成社

『**兎の眼**』灰谷健次郎　理論社

『**ふたりのロッテ**』エーリヒ・ケストナー　高橋健二訳、岩波書店

『**児童詩集　たいようのおなら**』灰谷健次郎他編　サンリード

### 「うさぎ穴」の意味するもの

『**ふしぎの国のアリス**』ルイス・キャロル　田中俊夫訳（岩波少年文庫）岩波書店

『**ファンタジーの世界――妖精物語について**』ジョン・ロナウド・ロウエル・トーキン　猪熊葉子訳　福音館書店

『**トムは真夜中の庭で**』フィリパ・ピアス　高杉一郎訳（岩波少年文庫）岩波書店

『**ユング自伝――思い出・夢・思想**』アニエラ・ヤッフェ編　河合隼雄・藤縄昭・井出淑子訳　みすず書房

『**現代の児童文学**』上野瞭（中公新書）中央公論新社

『**水の子**』チャールズ・キングスレイ　阿部知二訳（岩波少年文庫）岩波書店

『**さいはての島へ――ゲド戦記Ⅲ**』アーシュラ・クローバー・ル＝グウィン　清水真砂子訳　岩波書店

『**あのころはフリードリヒがいた**』ハンス・ペーター・リヒター　上田真而子訳（岩波少年文庫）岩波書店

『**イメージと人間**』ロジェ・カイヨワ　塚崎幹夫訳　思索社

『**ホビットの冒険**（上・下）』ジョン・ロナウド・ロウエル・トールキン　瀬田貞二訳（岩波少年文庫）岩波書店

『**モモ**』ミヒャエル・エンデ　大島かおり訳　岩波書店

### 児童文学の中の「もう一人の私」

『**ぼくと〈ジョージ〉**』エレイン・ローブル・カニグズバーグ　松永ふみ子訳（岩波少年文庫）岩波書店

『**思い出のマーニー（上・下）**』ジョーン・ゲイル・ロビンソン　松野正子訳（岩波少年文庫）岩波書店

『**ふたりのロッテ**』エーリヒ・ケストナー　高橋健二訳（岩波少年文庫）岩波書店

『**ふたりのひみつ**』イルズ・マーグレット・ボーゲル　掛川恭子訳　あかね書房

『**王子と乞食**』マーク・トウェーン　村岡花子訳（岩波文庫）岩波書店

「**二人兄弟**」『完訳 グリム童話集 二』金田鬼一訳（岩波文庫）岩波書店

『**昔話の深層**』河合隼雄　福音館書店

『**まっぷたつの子爵**』イタロ・カルヴィーノ　河島英昭訳　晶文社

「**影法師**」『アンデルセン童話集 三』大畑末吉訳（岩波文庫）岩波書店

『**影をなくした男**』アーデルベルト・フォン・シャミッソー　池内紀訳（岩波文庫）岩波書店

『**影との戦い――ゲド戦記Ⅰ**』アーシュラ・クローバー・ル＝グウィン　清水真砂子訳　岩波書店

『**マリアンヌの夢**』キャサリン・ストー　猪熊葉子訳　冨山房

## Ⅱ

### アイデンティティの多層性

『**クローディアの秘密**』エレイン・ローブル・カニグズバーグ　松永ふみ子訳（岩波少年文庫）岩波書店

『**魔女ジェニファとわたし**』エレイン・ローブル・カニグズバーグ　松永ふみ子訳（岩波少年文庫）岩波書店

『**ロールパン・チームの作戦**』エレイン・ローブル・カニグズバーグ　松永ふみ子訳（岩波少年文庫）岩波書店

『**ぼくと〈ジョージ〉**』エレイン・ローブル・カニグズバーグ　松永ふみ子訳（岩波少年文庫）岩波書店

『**800番への旅**』エレイン・ローブル・カニグズバーグ　岡本浜江訳　佑学社

『**エリコの丘から**』エレイン・ローブル・カニグズバーグ　岡本浜江訳　佑学社

「**先祖の話**」『柳田國男全集13』（ちくま文庫）筑摩書房

### 少年の内界の旅

『**さすらいのジェニー**』ポール・ギャリコ　矢川澄子訳　大和書房

『はてしない物語』の内なる世界

**『はてしない物語』**ミヒャエル・エンデ　上田真而子・佐藤真理子訳　岩波書店

少女の内界のドラマ

『グリム童話集』を読む

**『時の旅人』**アリスン・アトリー　小野章訳　評論社

**『グリム童話集』**金田鬼一訳（全五冊・岩波文庫）岩波書店

瀕死体験と銀河鉄道／宮澤賢治の死生観

**『銀河鉄道の夜』**宮澤賢治（岩波・新潮文庫他）岩波書店・新潮社他

**『かいまみた死後の世界』**レイモンド・ムーディ　中山善之訳　評論社

**『ビジテリアン大祭』**宮澤賢治（角川文庫）角川書店

『ぼんぼん』とトリックスター／ファンタジーの素晴らしさ

**『ぼんぼん』**今江祥智　理論社

**「忠臣ヨハネス」**『完訳 グリム童話集 一』金田鬼一訳（岩波文庫）岩波書店

**『海賊の歌がきこえる』**今江祥智・作　長新太・絵（フォア文庫）理論社

大人になることの困難さ

**『さらば、おやじどの』**上野瞭・作　田島征三・絵　理論社

長新太の不可解

**『おばけのいちにち』**長新太　偕成社

**『トリとボク』**長新太　あかね書房

**『きもち』**谷川俊太郎・文　長新太・絵　福音館書店

**『つみつみニャー』**長新太　あかね書房

**『ごろごろ にゃーん』**長新太　福音館書店

**『海のビー玉』**長新太　理論社

現実の多層性

**『イソポカムイ』**四宅ヤエ・語り　藤村久和・文　手島圭三郎・絵　福武書店

## III

児童文学のすすめ／小学四年生

**『ヒルベルという子がいた』**ペーター・ヘルトリング　上

田真而子訳　偕成社
**『ラモーナとおかあさん』**ベバリイ・クリアリー　松岡享子訳　学習研究社
**『ぽんぽん』**今江祥智　理論社
**『マリアンヌの夢』**キャサリン・ストー　猪熊葉子訳　冨山房

## 子どもの知恵に学ぶ／観覧車

**『続一年一組せんせいあのね』**鹿島和夫編　理論社
**『たいようのおなら』**灰谷健次郎他編　サンリード
**『わたしが妹だったとき』**佐野洋子　偕成社

## 子どもとファンタジー

**『とげのあるパラダイス』**エドワード・ブリッシェン編　神宮輝夫訳　偕成社
**『かみさまへのてがみ』『かみさまへのてがみ　もっと』**谷川俊太郎訳　葉祥明・絵　サンリオ
**『オンリー・コネクト（全三冊）』**イーゴフ、スタブス、アシュレイ編　猪熊葉子・清水真砂子・渡辺茂男訳　岩波書店

# 初出一覧

## Ⅰ

**読むこと・書くこと**　今江祥智・上野瞭・灰谷健次郎編『想像力の冒険』理論社　一九八一年一二月

**「うさぎ穴」の意味するもの**　河合隼雄『中空構造日本の深層』中央公論社　一九八二年一月

＊初出＝上野瞭編『空想の部屋』（世界思想社）一九七九年五月

**児童文学の中の「もう一人の私」**　蜂屋慶編『教育と超越』（玉川大学出版部）一九八五年七月

## Ⅱ

**アイデンティティの多層性**　「文学」一九八九年九月号

**少年の内界の旅**　ポール・ギャリコ『さすらいのジェニー』解説　大和書房　一九八三年二月

**『はてしない物語』の内なる世界**　「図書新聞」一九八二年七月三日

**少女の内界のドラマ**　『児童文学マニュアル　１９８２』偕成社　一九八二年六月

**『グリム童話集』を読む**　「朝日新聞」一九八五年一二月八日

**瀕死体験と銀河鉄道**　「国文学　解釈と教材の研究」臨時増刊号　一九八六年五月

**宮澤賢治の死生観**　「太陽」一九八九年三月号

**『ぼんぼん』とトリックスター**　「児童文学１９８０」聖母女学院短大児童教育学科　一九八〇年一一月

**ファンタジーの素晴らしさ**　今江祥智・作　長新太・絵『海賊の歌がきこえる』解説　理論社　一九八六年五月

**大人になることの困難さ**　上野瞭『さらば、おやじどの』解説　新潮文庫　一九八九年六月

**長新太の不可解**　「朝日新聞」（西日本版）一九八六年一一月一二日・一一月一九日

**現実の多層性**　四宅ヤエ・語り　藤村久和・文　手島圭三郎・絵『イソポカムイ』解説　福武書店　一九八八年三月

## Ⅲ

**児童文学のすすめ**　「特殊教育」四三号　一九八四年八月

**小学四年生**　「国語教育相談室」三一四号　一九八五年三月

**子どもの知恵に学ぶ**　「Voice」一九八七年三月号

**観覧車**　「母の友」一九八七年一月号

**子どもとファンタジー**　河合隼雄編『子どもと生きる』創元社　一九八五年四月

著者紹介

## 河合隼雄（かわい　はやお）

一九二八年、兵庫県生まれ。京都大学教育学博士。京都大学名誉教授。元・文化庁長官。日本の臨床心理学における第一人者。二〇〇七年七月一九日に逝去。

一九五九年にアメリカへ留学。一九六二年にスイスのユング研究所に留学し、日本人として初めてユング派分析家の資格を取得。一九六五年に帰国後、京都大学教育学部で臨床心理学を教えるかたわら、ユングの分析心理学を日本に紹介し、その発展に寄与。一九九二年、京都大学を退官。一九九五年、国際日本文化研究センター所長、二〇〇二年、第一六代文化庁長官に就任。

著書に『ユング心理学入門』『昔話と日本人の心』『明恵　夢を生きる』『河合隼雄著作集（全一四巻）』ほか多数。

河合隼雄《かわいはやお》と子《こ》どもの目《め》
〈うさぎ穴《あな》〉からの発信《はっしん》

二〇一九年七月一〇日　第一版第一刷発行

〈著　者〉河合隼雄
〈発行者〉矢部敬一
〈発行所〉株式会社　創元社
本　社　〒五四一-〇〇四七　大阪市中央区淡路町四-三-六
電　話　〇六-六二三一-九〇一〇(代)
FAX　〇六-六二三三-三一一一(代)
東京支店　〒一〇一-〇〇五一　東京都千代田区神田神保町一-二　田辺ビル
電　話　〇三-六八一一-〇六六二(代)
https://www.sogensha.co.jp/

装丁・本文デザイン　長井究衡
印刷　株式会社　太洋社


ISBN978-4-422-11709-6　C0011